Easy to understand even for beginners
はじめてでもよくわかる

NEKOCHAN SENSEI NO
ねこちゃん先生の

ホロスコープ超入門

竹内俊二

実業之日本社

❀ はじめに ❀

　はじめまして。僕は2016年から、西洋占星術のセッションや講座を主な仕事としています。SNSに投稿していたねこのキャラクター（「ねこちゃんピオン」という名前です）がきっかけで「ねこちゃん先生」と呼ばれることが増え、ある時から自分でもその名前を名乗るようになりました。

　本書を通して僕が伝えたいのは、ホロスコープ（星の配置図）を読み解く面白さです。謎めいた記号と図形で構成された１枚の図から、実際の人物の特徴が詳細に浮かび上がること。しかもそれが「当たっている」と感じられる不思議さ。この驚きや感動が、僕が占星術を続けている大きな理由の1つです。世の中にはこんなにも面白いものがある！　それを知ってもらえたらうれしく思います。

　とはいえ、占星術を身につけ、自在に扱えるようになるには、ある程度の時間がかかります。なぜなら、その仕組みは複雑で、要素が非常に細かいからです。そして最も大切なのは、象徴（ホロスコープに示された様々な記号）を理解することです。

　象徴が持つ意味の奥行きや広がり、そして相互の関連性を正しく捉えることは、生きた解釈をするために欠かせません。しかし、それは単純にマニュアル化することはできず、多くの実例を地道に検証しながら、経験を通じて習得していく必要があります。

　本書が実例を読み解くための楽しいガイドとして、あるいは占星術を知る最初のきっかけとして、みなさんのお役に立てれば幸いです。

竹内俊二

Contents

2　はじめに

8　序章　人物像を正確に描写する占い
ホロスコープ・リーディングは優先順位が9割
12　ネイタルチャートの出し方
14　ホロスコープ記号早見表

15　第1章　占星術のチュートリアル　Part 1
基本の惑星・サイン・ハウス

16　Prologue ～ヒストリー・オブ・占星術～

19　チュートリアル1　ホロスコープって、いったい何？

22　Column　ホロスコープの種類

24　チュートリアル2　ホロスコープの惑星
26　太陽／月　　　　　　27　水星／金星
28　火星／木星　　　　　29　土星
30　天王星／海王星　　　31　冥王星／カイロン
32　月のノードについて

33　チュートリアル3　ホロスコープのサイン
36　12のサインの性質について知る
37　エレメントとは
40　クオリティとは
42　サインを支配する惑星
　　ルーラーについて
43　惑星とサインの相性
　　エッセンシャル・ディグニティ

45	牡羊座／牡牛座	46	双子座／蟹座
47	獅子座／乙女座	48	天秤座／蠍座
49	射手座／山羊座	50	水瓶座／魚座

51 チュートリアル4 ホロスコープのハウス

56 最も大事なチャートルーラー

57 ジョイとアバージョン

58	1ハウス／7ハウス	59	2ハウス／8ハウス
60	3ハウス／9ハウス	61	4ハウス／10ハウス
62	5ハウス／11ハウス	63	6ハウス／12ハウス

64 ハウスシステムと5度前ルール

65 第2章　占星術のチュートリアル　Part 2

本質を見つけ出すアスペクト

66 アスペクトを読めば本当の姿が見えてくる

68 重要なアスペクトを見つける①
アスペクトの種類

70 重要なアスペクトを見つける②
アスペクトの誤差

71	コンジャンクション
72	オポジション／スクエア
73	トライン／セクスタイル
74	クィンカンクス／ノーアスペクト

75 重要なアスペクトを見つける③
惑星の組み合わせ

78 遠い側の惑星のサイン・ハウスは重要な補足情報

82 アスペクト解釈の優先順位

84 3つ以上の惑星が絡む複合アスペクト

85 複合アスペクトの構成要素は「10個の惑星」に限定する

86 複合アスペクトに含まれる個人天体に注目する

87	ステリウム	88	Tスクエア
90	グランドトライン	92	グランドクロス
93	メディエーション	94	マイナーグランドトライン
95	ヨッド	96	カイト

97 第3章 ホロスコープ解読のフローチャート

基本 & 悩み別のリーディング手順

98 リーディングの正確さは「優先順位」で決まる！

100 ねこちゃん先生流！
基本のフローチャート

102 ホロスコープの情報の要点を書き出す

103 その人の特徴をざっくりつかむための情報

104 フローチャートを正確に活用するための書き出し要素

106 逆引き
質問ごとの解釈のヒント

～悩み別のフローチャート例&実例～

108 Aさんのホロスコープ
「自己肯定感の高め方について」

116 Aさんのホロスコープ・リーディングをフローチャートで振り返る

118 Bさんのホロスコープ
「仕事観・天職について」

126 Bさんのホロスコープ・リーディングをフローチャートで振り返る

128 Cさんのホロスコープ
「パートナー観・恋愛について」

136 Cさんのホロスコープ・リーディングをフローチャートで振り返る

138 Dさんのホロスコープ
「お金の価値観・金運について」

146 Dさんのホロスコープ・リーディングをフローチャートで振り返る

148 Eさんのホロスコープ
「進路選択について」

154 Eさんのホロスコープ・リーディングをフローチャートで振り返る

156 Column ねこちゃん先生にクエスチョン！

157 第4章 人物像を解き明かす

惑星×サイン&ハウス解釈事典

158 太陽×サイン	160 月×サイン
162 水星×サイン	164 金星×サイン
166 火星×サイン	168 木星×サイン
170 土星×サイン	

172 太陽×ハウス	174 月×ハウス
176 水星×ハウス	178 金星×ハウス
180 火星×ハウス	182 木星×ハウス
184 土星×ハウス	186 天王星×ハウス
188 海王星×ハウス	190 冥王星×ハウス

192 **Column** トランスサタニアンの扱い方

193 第5章 リーディング精度を格段に高める

アスペクト全解釈45

194 太陽×月のアスペクト	195 太陽×水星のアスペクト
196 太陽×金星のアスペクト	197 太陽×火星のアスペクト
198 太陽×木星のアスペクト	199 太陽×土星のアスペクト
200 太陽×天王星のアスペクト	201 太陽×海王星のアスペクト
202 太陽×冥王星のアスペクト	

203 月×水星のアスペクト	204 月×金星のアスペクト
205 月×火星のアスペクト	206 月×木星のアスペクト
207 月×土星のアスペクト	208 月×天王星のアスペクト
209 月×海王星のアスペクト	210 月×冥王星のアスペクト

211 水星×金星のアスペクト	212 水星×火星のアスペクト
213 水星×木星のアスペクト	214 水星×土星のアスペクト
215 水星×天王星のアスペクト	216 水星×海王星のアスペクト
217 水星×冥王星のアスペクト	

218	金星×火星のアスペクト	219	金星×木星のアスペクト
220	金星×土星のアスペクト	221	金星×天王星のアスペクト
222	金星×海王星のアスペクト	223	金星×冥王星のアスペクト
224	火星×木星のアスペクト	225	火星×土星のアスペクト
226	火星×天王星のアスペクト	227	火星×海王星のアスペクト
228	火星×冥王星のアスペクト		
229	木星×土星のアスペクト	230	木星×天王星のアスペクト
231	木星×海王星のアスペクト	232	木星×冥王星のアスペクト
233	土星×天王星のアスペクト	234	土星×海王星のアスペクト
235	土星×冥王星のアスペクト		
236	天王星×海王星のアスペクト	237	天王星×冥王星のアスペクト
238	海王星×冥王星のアスペクト		

239　あとがき
　　　参考文献

序章

人物像を正確に描写する占い

ホロスコープ・リーディングは優先順位が9割

　西洋占星術とは、下図のホロスコープという星の配置図を元に、個人が生まれ持った性格や資質、未来などを読む占いです。12星座占いは、占星術のロジックの一部を使って書かれている人気コンテンツです。占星術のことは全く知らなくても、ほとんどの人が自分の太陽星座は知っているのではないでしょうか。

　僕が一番最初に占星術に興味を持ち、近所の本屋さんで専門書を買い求めたのは2007年でした。その数年後に職場で「占星術をや

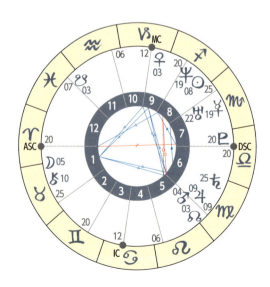

っている」と言ったら同僚に驚かれ、フロア内の他社の人にまで噂が広がり、しばらくの間は僕の昼休みが個人鑑定の時間になってしまったことがありました。

　その頃と比べると、誰かを占ったり、SNSなどで日々の星の動きの解釈を発信する人が増え、占星術の情報を自ら提供する側になることは、それほど珍しくなくなりました。また、僕自身を含めて占星術を教える人が増え、素晴らしい専門書も増え、初心者が占星術を学ぶ敷居は、とても低くなってきたように感じます。

　とはいえ、占星術の学習は一筋縄ではいきません。ある1つの配置について、ネットでも書籍でも、人によって異なる解釈がされている場合が少なくないからです。自分で判断する術を持たない初心者は、そこで立ち往生してしまいます。

　僕は2022年から定期的に占星術の勉強会を開催してきました。開催回数は58回（2025年2月時点）で、累計370名ほどの方々にご参加いただきました。

　そこで最も多くいただいた質問は「アスペクトの読み方がわからない」「情報のまとめ方がわからない（解釈が断片的でバラバラになってしまう）」というものです。初心者にとって、そこが大きな壁となっているようです。

　本書は完全な初心者を想定しつつも、その問題点がクリアできるような構成を考えました。大きな特徴は2つです。

1つは、リーディングにおける優先順位のつけ方がわかるということ。ホロスコープは10個の惑星（さらに月のノード、小惑星など）と、それらが位置する12種類のサインとハウス、惑星同士の連携を表すアスペクトといった要素で構成されています。それらを組み合わせて解釈を導き出すわけですが、その膨大な情報の全部を読むことは現実的ではありません。

　そのため、ホロスコープごとに注目ポイントを見極め、優先順位をつけて解釈する必要があります。本書では優先度と解釈の流れをわかりやすく工夫したフローチャートを紹介します。また、リーディングの実例では、ご質問に応じた注目ポイントの違いや解釈の組み立て方をお伝えします。

　もう1つは、アスペクトの読み方に力を入れている点です。前述したように、アスペクトは初心者の壁であるのと同時に、個人の特徴を明確に示す重要な要素だからです。

　多くの占星術の書籍には「惑星×サイン」「惑星×ハウス」といった、それぞれの情報の解釈を事典のように説明した部分が含まれています。本書ではそれに加えて、アスペクトの読み方と優先順位のつけ方、そして「惑星×惑星」の組み合わせ45パターンをイラストを交えて解説しています。

ホロスコープの個々の要素の意味は、解釈事典さえあれば一応わかります。しかし、その情報の断片を箇条書きのように並べるだけでは、生きた解釈になりません。

また、同じ人物のホロスコープの中に、矛盾する要素を発見することがあります。例えば、ある人の太陽が牡羊座にあり、その太陽に土星とのアスペクトがあるとします。「牡羊座の太陽」には開拓者や挑戦者を目指す性質、「太陽と土星のアスペクト」は慎重で保守的とあるため矛盾します。いったいどちらを優先して読むべきでしょう？

もし、太陽と土星がハードアスペクトで、アスペクトの誤差が小さければ、土星の意味が強調されます。その結果、この太陽はサイン（牡羊座）の意味よりも、アスペクト（土星）の意味のほうが強調されて実感できます。そのため、この場合は「太陽と土星のアスペクト」を優先して読んだほうがよいことになります。さらにハウスを考慮すれば「太陽があるハウスは開拓者や挑戦者を目指す」「土星があるハウスは慎重で保守的な特徴がある」「この太陽は土星があるハウスへの配慮のために保守的になる」と解釈でき、太陽と土星の関連性や、具体的な状況が浮き彫りになります。

要素の主従や強弱を理解し、優先順位をつけて読むことが大切です。アスペクトは情報の「まとまり」を作る役割も果たします。

ネイタルチャートの出し方

　本書はネイタルチャート（出生図）から、その人が生まれ持った性格や資質などを読み解く方法をテーマとしています。それは、その人が生まれた瞬間・生まれた場所を取り巻く星の配置図です。

　数十年前まで、ホロスコープの作成には天文暦と電卓を使い、複雑な計算をして1つ1つ惑星などの位置を算出する必要がありました。しかし、インターネットの普及により、今では多くのサイトで簡単にホロスコープを作成することができるようになりました。

　ネイタルチャートを作成するには、任意のホロスコープ作成サイトに、以下の情報を入力、あるいは選択してください。

生年月日／出生時間／出生地

ハウスシステムの項目はどれを選択しても構いませんが、本書のホロスコープは「プラシーダス・ハウス」のハウスシステムを用いて作成しています（詳細はP64）。

　ほとんどのホロスコープ作成サイトでは、10種類の惑星（太陽・月・水星・金星・火星・木星・土星・天王星・海王星・冥王星）、アセンダントとMC、ドラゴンヘッド、カイロンなどは表示されることが多いですが、それ以外のマイナーな感受点の表示はサイトによって異なります。

　出生時間が不明の場合は、便宜的に「正午」の時間を出生時間とする仕様になっているサイトが多いです。

一例として、僕が連載している占いメディア「マイカレWeb」（https://mycale366.jp）のホロスコープ作成ページ（占いTOOLS）で、ネイタルチャートを出して見ましょう。

　出生情報を入力するとホロスコープが出ます。

例　ねこちゃん先生
　　（1979年12月1日14時10分、福井県生まれ）

　中心にある複数の線がアスペクトです。多くのホロスコープ作成サイトでは、右図のようにアスペクトの種類や誤差を表示することができます。この情報も合わせてチェックすることで、より正確な解釈が可能になります。

　それではさっそく、広大な占星術の世界の入口へご案内します！

ホロスコープ記号早見表

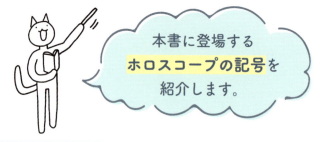

本書に登場する**ホロスコープの記号**を紹介します。

惑星

☉	太陽	☽	月	☿	水星
♀	金星	♂	火星	♃	木星
♄	土星	♅	天王星	♆	海王星
♇	冥王星	☊	ドラゴンヘッド	☋	ドラゴンテイル
⚷	カイロン				

サイン

♈	牡羊座	♉	牡牛座	♊	双子座
♋	蟹座	♌	獅子座	♍	乙女座
♎	天秤座	♏	蠍座	♐	射手座
♑	山羊座	♒	水瓶座	♓	魚座

アスペクト

☌	コンジャンクション（0度）	☍	オポジション（180度）
△	トライン（120度）	□	スクエア（90度）
✶	セクスタイル（60度）	⚻	クィンカンクス（150度）

第 1 章

占星術のチュートリアル
Part1

基本の
惑星・サイン・
ハウス

そもそも、西洋占星術ってどんな占い？　ホロ
スコープにはいったい何が記されているの？
まずは基本の惑星とサイン（星座）、そしてハ
ウスの3本柱を、イラスト・図解で解説！

prologue
〜ヒストリー・オブ・占星術〜

　占星術はすっかり日常に溶け込んだカルチャーになりましたが、実は長い歴史があります。それを簡単にたどってみましょう。

　西洋占星術のルーツとなる場所は バビロニア（今のイラク南部）です。そこで紀元前2000年頃から天体観測が始まったとされています。「エヌマ・アヌ・エンリル」は紀元前1000年代に編纂された予兆集で、約70枚の粘土板に数千の天文の予兆が記録されています。それは国の運命を占うために使用されました。それを作成した学者や権力者は、経験的に知っていたはずです。

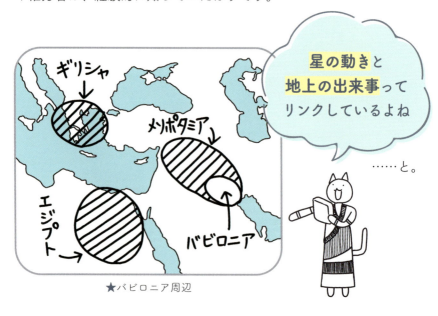

★バビロニア周辺

紀元前4世紀以降、バビロニアの占星術や天文学の知識は、ギリシャの自然科学や哲学、エジプトの占星術と融合していきました。そして、2世紀頃には、惑星、サイン、ハウスなどの基本的な要素を備えたホロスコープ占星術が完成したのです。

　バビロニアでは信仰する神々が天の星々と結びつけられ「天の現象＝神の声」と解釈されていました。その考え方はマクロコスモス（宇宙）とミクロコスモス（人間）の照応関係を表す古代の哲学とつながっており、占星術の世界観の前提となっています。

　そんな世界観が反映された、古代ローマの科学者プトレマイオスがまとめた『テトラビブロス』は、後世まで影響をもたらしました。

4世紀にローマ帝国でキリスト教が国教化され、教会の勢力が強まっていく中、占星術の「個人の運命や未来は星が決めている」という考え方はキリスト教の思想と相容れず、占星術はヨーロッパからは排斥されます。占星術の中心地はアラビアに移り、そこで緻密な理論化が進みました。

　その後、15世紀頃のルネサンスの時代にヨーロッパで古典文化の復興の流れが起こり、占星術は華やかに発展します。この頃のいくつかの大学では占星術が医学の基礎としてカリキュラムに加えられていました。

　ところが、占星術の歴史上最大の分岐点が訪れます。それは、16〜17世紀頃の「科学革命」です。地動説（＝太陽が中心）が広まり、それまで占星術の前提となっていた天動説（＝地球が中心）の宇宙観が覆されました。これにより占星術は天文学と分離し、しだいに非科学的なものとみなされるようになり衰退していきます。

　そして19世紀末、スピリチュアリズムや東洋の宗教・哲学への関心が高まる中で、再び占星術は復興します。「現代占星術の父」アラン・レオは神智学をベースとし、占星術を宿命論的な「予知のツール」ではなく、個人の魂の成長や心理にフォーカスした「自分を知るツール」とした新たな流れを作りました。

　さて、プロローグはここまでです。占星術は最初にその形ができあがった後も、様々な変遷をたどりながら変化し続けて今に至る、ということがおわかりいただけたでしょうか。次のページからはホロスコープの読み方についてのチュートリアルを始めましょう。

チュートリアル 1

ホロスコープって、いったい何？

ホロスコープの語源はギリシャ語の「ホロスコポス」
Hora（時）＋Skopos（番人）

占星術とは「ホロスコープ」という天体の配置図を作成し、それを読むことです。

ホロスコープとは「ある場所、ある瞬間」の太陽系の天体配置図であり、そこには観測者を取り巻く太陽や月、その他の惑星の位置や方角などが細かくマッピングされています。

占星術は「天の配置と地上の出来事は関連し合っている」という考え方を前提としています。ある人が誕生した瞬間の天体配置には、その人に関連した情報が詰まっている。つまり、その配置を写し取ったホロスコープを読み解くことで、その人についての様々なことがわかる、というわけです。

同じ誕生日でも、生まれた時間が数分単位で違っていれば、ホロスコープの情報も変わります。パラメーターが非常に細かいために、隅々まで全く同じ配置のホロスコープを目にする機会はほぼありません。そのような精妙な仕組みは、人間の複雑さや多様性を象徴する、まさに小宇宙であるように感じます。

第1章 基本の惑星・サイン・ハウス

下の図は僕自身のネイタルチャート（生年月日と出生時間、出生地を元に作成したホロスコープ）です。

惑星

主語（「何が」）の役割を担う。基本は、太陽、月、水星、金星、火星、木星、土星、天王星、海王星、冥王星の10種類の惑星の位置が記号で表記されている。本書では、小惑星のカイロン、計算で導き出された実体のないポイントである月のノード（ドラゴンヘッド／ドラゴンテイル）についても解説。

サイン

関連する惑星やハウスに、性質やカラーを与える形容詞的な役割（「どんなふうに」）を担う。黄道を30度ずつ12等分した領域に12種類のサイン（牡羊座、牡牛座、双子座、蟹座、獅子座、乙女座、天秤座、蠍座、射手座、山羊座、水瓶座、魚座）が配置されている。本書ではサインの仕組みやそれぞれの意味について解説。

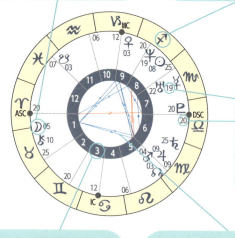

惑星の度数／ハウスカスプの度数

各サイン（0～30度）の中でどこに位置しているかを示す。

ハウス

具体的な場所や分野（「どこで」「どんな分野で」）の役割を担う。黄道を12分割した領域。例えば、自分自身、仕事やお金、パートナーシップ、家庭や両親、健康など。本書ではプラシーダス・ハウス（P64参照）を前提として、ハウスの仕組みや各ハウスの意味について解説。

アスペクト

惑星同士が取る特定の角度。関係性やつながり方、アクションの様子などの役割を担う。まずは惑星、サイン、ハウスを学んだうえで理解を深めていく。初心者がつまずきやすいポイントであり、本書では重点的に解説。

これら4つの要素が、占星術を理解するための要です。しかし、たった1枚のホロスコープだけでも、情報量は膨大なものになります。後の章で詳しく説明しますが、大切なことは「優先順位」です。重要な箇所を見つけ、それ以外をスルーする視点を持つことが、よりよいリーディングにつながります。

　先述したように、占星術の基礎が成立した時期の世界観は「天動説」であり、地球を中心として7つの惑星が回っていると考えられていました。ホロスコープにもその世界観が反映されています。それは「私」を中心とした、主観的な宇宙の姿です。「私」を反映した情報が惑星の配置によって示されている、とイメージしてみましょう。

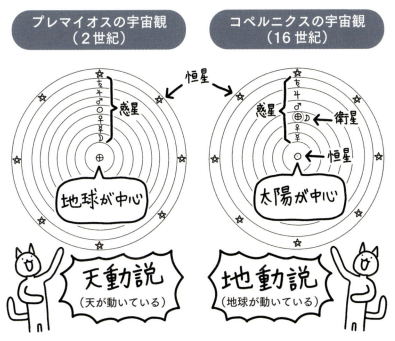

★宇宙観の比較

ホロスコープの種類

　本書ではネイタルチャート（出生図）から、その人が生まれ持った性格や資質などを読み解く方法をメインテーマとしています。

　占星術を学ぶ人の多くは、自分のネイタルチャートの解釈からスタートしますが、その1枚だけから「すべて」が読めるわけではないと知っておくとよいでしょう。ホロスコープは見た目がほぼ同じでも、用途によって名前が異なり、読み方も使う手法も異なります。どのようなチャートがあるのか、いくつか紹介します。

ネイタルチャート

用途：個人の特徴を読む

出生図。ある人物がこの世に生まれた瞬間のチャートです。生年月日と出生時間、出生地の情報を元に作成します。生まれ持った性格や資質、仕事運や人間関係の傾向など、様々な情報を得ることができます。

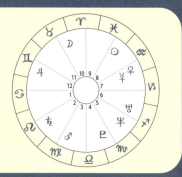

シナストリーチャート

用途：相性を読む

AさんとBさん、2人のネイタルチャートを重ね、内側と外側に表示します。2人の惑星やアングル（P55参照）が相互に形成するアスペクトなどから、お互いに対する影響や関係性を占う時に使います。

トランジットチャート

用途：時期を読む

現在（任意の過去、未来）の天体配置。新月や満月、惑星の順行と逆行、サイン移動などが該当します。現在進行中のテーマや、未来の流れなどを読む時に使います。個人への影響を読む場合はネイタルチャートとの二重円を作成。

プログレスチャート

用途：個人の未来を読む

ネイタルチャートの惑星を法則に基づいて「進行」させたチャート。セカンダリー・プログレッション（1日1年法）、ソーラーアークなど。また、トランジットチャートなどと併用することで、より詳しい未来予測が可能に。

リターンチャート

用途：特定の期間を読む

トランジットチャートの特定の惑星が、ネイタルチャートと同じ位置に戻ってきた瞬間のチャート。代表的なものはソーラー・リターンチャート（太陽回帰図）で、誕生日かその前後の日から1年間の運勢を読むために使います。

イベントチャート

用途：出来事の意味を占う

具体的な出来事が発生した瞬間の日時や場所の情報から作成したチャート。引っ越し日のチャートから新生活を占うなど。行動に合致する占星術的な「よい日取り」を人為的に選んで作成するのはイレクショナルチャート。

マンディーンチャート

用途：世相を占う

特定の国の動向、例えば、為政者や国民の動き、経済、外国との関係性など、マクロな視点で未来予測を行うためのチャート。春分・夏至・秋分・冬至のチャート（四季図）や、日食・月食時のチャートで占います。

ホラリーチャート

用途：問いに答える

具体的な問いから、答えを導き出すためのチャートです。問いが発生した瞬間の日時や場所の情報からチャートを作成し、古典占星術の知識やルールを用いて解読します。「なくした自転車のカギはどこにありますか？」など。

第1章　基本の惑星・サイン・ハウス

チュートリアル 2

ホロスコープの 惑星

占星術では、基本的に太陽系の地球以外の10種類の天体を使用し、その情報を読み解きます。それらはホロスコープの「主語」となる要素。小惑星や月のノード（後述）も補足的な主語の1つです。天文学の分類では月は衛星、太陽は恒星、冥王星は準惑星ですが、占星術の世界では一般的にすべて惑星と呼ばれます。惑星という言葉は、ギリシャ語で「さまよう星」を意味する「aster planetes（アステラ・プラネタス）」に由来します。この言葉には観測者の目線が反映されています。固定された星座を背景に、太陽も月もその他の惑星も、すべて「動き回っている」という点で共通しているのです。

まずは右の図から各惑星のサイズの違いや、太陽系のスケールを感じ取ってみましょう。恒星である太陽の存在感や、衛星として地球の近くを回る月の特殊性が際立ちます。個人天体に分類される水星、金星、火星に対して、社会天体に分類される木星と土星は別格のサイズ。世代天体である天王星、海王星、冥王星（総称トランスサタニアン）は太陽系のはるか外周を公転しており、冥王星は月より小さい点もその特異性を物語っています。

惑星の見た目の特徴も大切です。占星術は天体観測から始まりました。画面に表示された記号ではなく、一度肉眼や双眼鏡などで実際の惑星を観察し、その印象を感じ取ってみてください。改めて太陽と月（総称ライツ）は特別な存在だとわかるはずです。

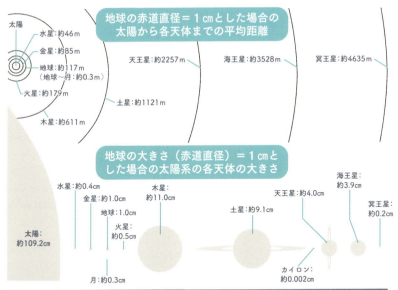

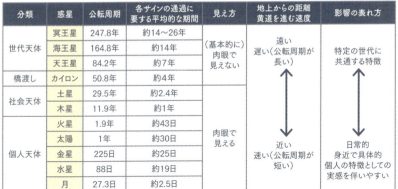

分類	惑星	公転周期	各サインの通過に要する平均的な期間	見え方	地上からの距離 黄道を進む速度	影響の表れ方
世代天体	冥王星	247.8年	約14〜26年	（基本的に）肉眼で見えない	遠い 遅い（公転周期が長い） ↕ 近い 速い（公転周期が短い）	特定の世代に共通する特徴
世代天体	海王星	164.8年	約14年			
世代天体	天王星	84.2年	約7年			
橋渡し	カイロン	50.8年	約4年			
社会天体	土星	29.5年	約2.4年	肉眼で見える		日常的 身近で具体的 個人の特徴としての実感を伴いやすい
社会天体	木星	11.9年	約1年			
個人天体	火星	1.9年	約43日			
個人天体	太陽	1年	約30日			
個人天体	金星	225日	約25日			
個人天体	水星	88日	約19日			
個人天体	月	27.3日	約2.5日			

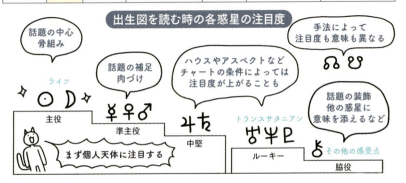

第1章 基本の惑星・サイン・ハウス

太陽

目的・意志 / 公的な顔

ネイタルチャートでの基本解釈

人生の目的や指針などを表します。太陽は目指したい、誇らしい自分です。自然体のままでは発揮されず、自らの意志で取り組むことです。太陽のテーマは必ずしも得意分野というわけではありませんが、大きな価値を感じます。そこを目指して行動を起こす時、生命力が湧いてきてイキイキとした輝きを放ち、自分と周囲を元気にします。

ホロスコープ上での記号

☉

キーワード

目的／意志／輝きをもたらすもの／生命力／意志／やりがい／充実感／自尊心／ライフワーク／男性／父／中心人物／権威／王／英雄

ギリシャ神話の由来

太陽神アポロン。ゼウスとレトの息子。凛々しく美しい、理想的な青年の神。

月

安心感・本能 / 私的な顔

ネイタルチャートでの基本解釈

太陽がスイッチ「オン」の輝いている状態だとすると、月はスイッチ「オフ」の、消灯してくつろいでいる状態。幼少期の生活環境の延長にある、衣食住の習慣や私生活の特徴です。自分の月の欲求は「安心・安全に暮らしたい」という本能に根ざしています。心の声を聞き、欲求を適切に満たすことで心身のバランスが整うでしょう。

ホロスコープ上での記号

キーワード

私生活／習慣／安心感をもたらすもの／コンフォートゾーン／自然体／感情／気分／本能／記憶／癒し／一般人／女性／母／子供

ギリシャ神話の由来

月の女神・アルテミス。野生動物を守り、狩猟と純潔をつかさどる女神。

水星

知性・言語
実務能力

ネイタルチャートでの基本解釈

何に興味を惹かれ、どのようにそれを理解し、表現するのか？ という知性の働きを表します。その人らしい考え方や、コミュニケーション（話し方、聴き方）の傾向、言葉の扱い方や文章表現の特徴などを表します。それは主に学童期に経験した学習スタイルが基礎になっているもの。また、技術や実務能力の特徴にも関係します。

キーワード

知性／思考／理解力／学習／言語／コミュニケーション／技術／適応力／メッセンジャー／学生／情報／通信／交渉／取引／移動

ギリシャ神話の由来

旅人や商人の守護神・ヘルメス。ゼウスに仕え、意思伝達の役割を持つお調子者。

ホロスコープ上での記号

金星

愛と美
調和・喜び

ネイタルチャートでの基本解釈

月が動物的・本能的な生存欲求だとすると、金星は文化的・社会的な存在でありたい欲求です。金星要素はなくても死なないかもしれませんが、生活に華と彩り、ハリをもたらします。ファッション、芸術、趣味嗜好などの美的な感性の特徴。他者との調和した関係性の築き方にも関係します。ウキウキ楽しい気持ちにさせる好きなものです。

キーワード

美／調和／愛／喜び／ときめき／感性／趣味嗜好／芸術／ファッション／社交性／魅力／美に関係した人／嗜好品／アクセサリー

ギリシャ神話の由来

愛と美をつかさどる、恋多き女神・アフロディテが由来。息子はエロス。

ホロスコープ上での記号

第1章 基本の惑星・サイン・ハウス

火星

記号 ホロスコープ上での ♂

闘争心
攻撃性・怒り

ネイタルチャートでの基本解釈

何に熱中し、集中的に力を注ぐかを表します。火星には、何らかのリスクや過剰な熱さが伴います。脅威を退けるために、どのように戦い、障害を乗り越え、勝利をするのか。怒りを感じて衝突しがちな分野も表しますが、ドキドキハラハラするような緊急の状況は勇気と挑戦意欲を引き出すもの。その経験はその人をタフにします。

キーワード

闘争心／怒り／攻撃力／防衛力／競争／行動力／勇気／挑戦／大胆さ／過剰な熱さ／集中性／スピード／興奮／性的な衝動／衝突

ギリシャ神話の由来

武力、戦争などをつかさどる神・アレス。好戦的で、武具がシンボル。

木星

記号 ホロスコープ上での ♃

拡大・保護
楽観性

ネイタルチャートでの基本解釈

木星のある場所は「きっと大丈夫、なんとかなる」と楽観視し、ポジティブに捉えて信頼している分野。そのためか、実際に保護やサポートが得られやすく、特別な配慮や努力をしなくても、大きな問題が起こりにくいです。その結果、大きく育ち、広がる可能性を秘めています。一方で、緊張感のなさや、無駄も増える傾向もあるでしょう。

キーワード

拡大／発展／成長／寛容さ／快活／ポジティブ／楽観性／幸運／富／保護／ゆとり／善意／道徳心／精神性／知恵／大げさ／ルーズ

ギリシャ神話の由来

全知全能の神・ゼウス。雷と秩序をつかさどる。父クロノスを倒して天界の王に。

土星

課題・制限　秩序

ホロスコープ上での記号

ネイタルチャートでの基本解釈

土星がある場所は、過去に失敗した経験から苦手意識を抱きやすい分野です。世間の基準と比較して不足がないように緊張感を保ち、警戒しています。そして、警戒を怠らないからこそ、その分野の危険は未然に回避され、安定した秩序が保たれるのです。不安と重責のプレッシャーは、年齢を重ねるにつれて少しずつ軽減されていきます。

キーワード

課題／苦手意識／責任／試練／悲観的／保守的／現実的／慎重／ルール／秩序／構造／伝統／制限／管理／年長者／権威／境界線

ギリシャ神話の由来

大地と農耕をつかさどる神・クロノス。父ウラノスを倒し、支配権を握った。

トランスサタニアンとカイロン

　土星よりも遠い軌道を公転する天王星、海王星、冥王星を合わせてトランスサタニアンと言います。天王星は1781年、海王星は1846年に、冥王星は1930年に発見され、その後、既存の占星術の体系の中に組み込まれていきました。

　月から土星までの7つの「肉眼で見える」惑星は地上の現実世界を表し「（基本的には）肉眼で見えない」トランスサタニアンは現実離れした、天に近い領域とみなせるかもしれません。

　小惑星カイロンは土星と天王星の間の軌道を公転していますが、軌道の一部は土星の内側を通ります。それは天上と地上の世界を橋渡しする役割を示唆するように感じ、また神と人間のハーフのケイローンの姿とも重なります。

天王星

記号 ホロスコープ上での

自由・独立 改革

ネイタルチャートでの基本解釈

自由を奪っているローカルルールや常識を疑い、権力者の圧に抵抗し、改革する惑星です。天王星がある場所では物理的・心理的なしがらみにとらわれたくないので、唐突に関係者との距離を離すこともあります。他の人とは違った情報源や人脈を持ち、その影響で常識に染まっておらず、それが斬新で独創的なひらめきの下地になっています。

キーワード

改革／未来的／反抗的／型破り／斬新／急進的／突発的／独創性／自由／独立／グローバリズム／合理的／ひらめき／先端技術

ギリシャ神話の由来

天空をつかさどる神・ウラノス。最初に世界を統治した神。

海王星

記号 ホロスコープ上での

夢・神秘 幻想

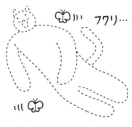

ネイタルチャートでの基本解釈

海王星がある領域は霧に包まれて現実世界の輪郭が曖昧になっており、同時にそこに美しい夢や理想の様子が映し出されます。非常に豊かな想像力は芸術表現の源泉になりますが、一方で矛盾や混乱が生じ、現実とのギャップを感じることも。神秘感覚や察しの良さは、セラピー関連だけでなく、様々な場面で先見性としても発揮されます。

キーワード

夢／理想／想像力／スピリチュアル／無意識／陶酔／幻／溶ける／曖昧さ／境界線をぼやかす／憧れと幻滅／映像／音楽／アルコール

ギリシャ神話の由来

海界の神・ポセイドン。ゼウスの兄。三叉の矛を持ち、嵐や地震を引き起こす。

冥王星

死と再生
極端さ・変容

ホロスコープ上での記号

ネイタルチャートでの基本解釈

冥王星がある場所は「0か100か」の発想で極端に捉えがちです。差し迫った切迫感があり、やるとなれば徹底的に取り組みます。それが、火事場の馬鹿力やカリスマ性として爆発的な力をもたらす場合も。しかし反対に、それができないなら何もせずに隠れていたほうがましと考える場合もあります。死やタブー視されることとの関連も。

キーワード

死と再生／根本的な変化／極端さ／徹底的／威圧的／支配的／極限的／不可逆的／暗闇／裏／タブー／巨大権力／粛清／リセット

ギリシャ神話の由来

冥府の神・ハデス。ゼウスの兄。死者の魂を支配する、厳格で公正な存在。

カイロン

傷と癒し
橋渡し・教師

ホロスコープ上での記号

ネイタルチャートでの基本解釈

カイロンが影響を与えるハウスや惑星は遠慮がちで、コンプレックスや疎外感を抱く傾向があります。常識的で画一的な基準にズレを感じて馴染めず、かといって天王星のように強気に反抗したりはしません。精神的な成長を促す、常識の一歩先を行く知恵を教師から学び（または自ら教え）断絶した土星と天王星の間を橋渡しします。

キーワード

傷と癒し／コンプレックス／アウトサイダー／疎外感／代替医療／代替教育／既知と未知の世界の橋渡し／叡智／教師

ギリシャ神話の由来

半人半馬のケンタウロスの姿で生まれた賢者、ケイローン。英雄たちを育てた。

月のノードについて

　太陽、月といった実体を持つ10の惑星以外にも、ホロスコープ上で「主語」としての役割を持つものがあります。その中で特に重要視されるのは月のノードという感受点です。

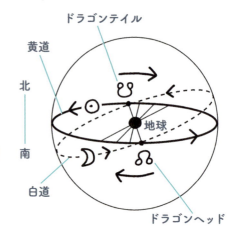

　これは黄道（太陽の通り道）と白道（月の通り道）の2つの交点です。黄道に対して月が北上しつつ交わる点をドラゴンヘッド（ノースノード）、月が南下しつつ交わる点をドラゴンテイル（サウスノード）と言います。

　月のノードにはいくつかの解釈がありますが、個人的にはドラゴンテイルは過去に関係した縁、ドラゴンヘッドは未来に関係した縁とみなし、過去から未来へ成長するヒントとして参照しています。

ドラゴンヘッド

これから歩む未来の道筋と課題。不慣れな未知の領域であるため、進むには工夫や努力を要します。ドラゴンテイルの経験を糧としつつ、ドラゴンヘッドに関連した事柄を取り入れ、バランスをとっていくことが停滞を打開し、成長を促すでしょう。未来に進むヒントが得られます。

ドラゴンテイル

未来を向いて立っている自分の背中。後ろを振り返った時に見える自分の足跡。すでに「履修済み」で、よく知っている分野や事柄。それに関連するスキルや人々。経験して慣れているので失敗しにくいですが、新鮮味が薄いです。安易な繰り返しは、マンネリ化と停滞につながります。

ホロスコープの
サイン

　占星術用語の中の知名度ナンバーワンは、間違いなく<mark>星座（サイン）</mark>です。占星術ファンでなくとも、ほとんどの人が自分の星座（太陽星座）を知っているのではないでしょうか。

　夜空に輝く星の集まりである星座は全部で88種類あり、その中で黄道（地球から見た太陽の通り道）沿いに位置する星座を「黄道12星座」と言います。その名前が占星術で使われています。

　しかし、実際に見える夜空の「星座」と、占星術で使用する「サイン」は別物であることを覚えておきましょう。星座の幅はバラバラ（5度〜40度）。それに対し、サインの幅は均等（30度）で、星座とズレた位置にあります。例えば、牡羊座のサインの背後は、牡羊座の星座ではなく魚座の星座が大部分を占めます。

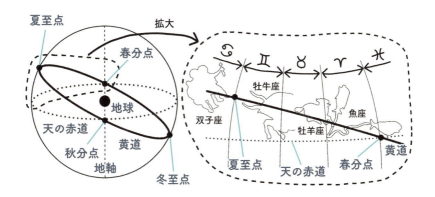

さて、この12のサインはホロスコープにどのように反映されているでしょうか。左下の図のように、天球の中心に地球がある（自分がいる）とすると、太線で示した天球の外周部分が黄道です。その黄道に沿って10種類の惑星が配置されています。

　太陽は黄道上を反時計回りに進んでいます。1日に約1度ずつ動き、およそ1ヵ月で1つのサインを通過し、約1年で12のサインを1周します（実際には地球が太陽の周りを1年かけて回っているので、ここには地球の公転のサイクルが反映されています）。

　内惑星（地球より内側の軌道を公転する惑星）である水星や金星は太陽よりも速いスピードで黄道上を動きます。外惑星（地球より外側の軌道を公転する惑星）の火星、木星、土星はもっと長い時間をかけてゆっくり動きます。天王星、海王星、冥王星は、1つのサインを通過するだけでも数年から十数年かかります。そのため、同世代に生まれた人のネイタルチャートを見ると、トランスサタニアンの位置はだいたい近い位置になります。

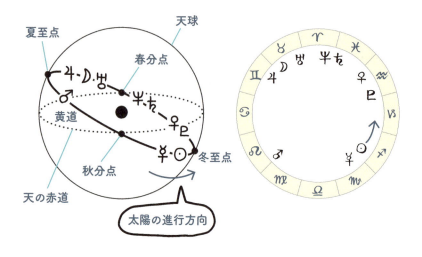

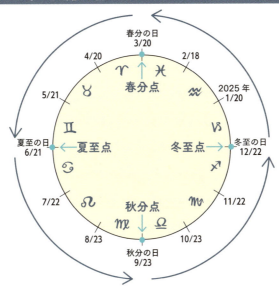

　夜空に見える「星座」と、占星術で使用する「サイン」は全く別もので、幅も位置も異なっていると説明しました。では、そもそもサインの出発点はどのように決められているのでしょうか。それは春分点を基準にしています。

　左のページの左側の図で示したように、春分点とは黄道と天の赤道（赤道を天球に投影した線）の交点の1つ。太陽が春分点を通過する日が春分の日です。春分点のちょうど反対側にあるのが秋分点。黄道上で天の赤道から最も北に離れた点が夏至点、その反対側には冬至点があります。春分点、秋分点、夏至点、冬至点の二至二分を重要なポイントとして、サインは構成されているのです。

春分点は牡羊座の始まりで、秋分点は天秤座の始まり、夏至点は蟹座の始まりで、冬至点は山羊座の始まりです。

12のサインの性質について知る

　占星術の中では、12のサインはとても親しまれているので、牡羊座は「せっかち」とか、牡牛座は「マイペース」のように、ある程度の意味をご存知の方もいらっしゃると思います。

　そういった断片的なキーワードの暗記も多少は必要ですが、応用が利きにくく、表面的な理解になりがちな側面もあります。

　サインを深く理解して有効に活用するためには、これから説明する４つのエレメントと３つのクオリティ（モダリティとも言います）の理解が欠かせません。この４×３の性質の組み合わせで12サインは成り立っています。この視点を通して、サイン同士の共通点と相違点を明確にすることができます。

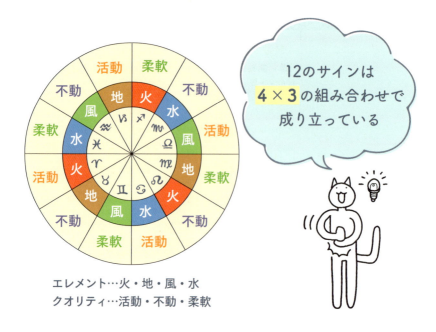

エレメント…火・地・風・水
クオリティ…活動・不動・柔軟

エレメントとは

　古代ギリシャでは哲学者たちによって「世界は何で構成されているのか」という議論がされてきました。

　紀元前5世紀、自然哲学者のエンペドクレスはそれまで議論されていた火、水、風（空気）に土（地）を加えた四元素（エレメント）論を提唱。その後、哲学者アリストテレスが四元素を温度（熱・冷）と湿度（湿・乾）の性質を用いて説明しました。

世界は火・地・風・水でできている

エレメント	温度		湿度	
火	熱 ホット	奇数サイン 「陽」能動的・積極的・上昇・外向・未来に注目しやすい・外部との相互作用による新しい刺激を求める。	乾 ドライ	周囲を切り離すことで自らを強化する性質。独立する・はねつける。占有する・硬くする。
風			湿 モイスト	周囲とつながることで自らを強化する性質。連携する・共有する。結びつける・和らげる。
地	冷 コールド	偶数サイン 「陰」受動的・消極的・下降・内向・過去に注目しやすい・内的な経験や感情を重視する。	乾 ドライ	周囲を切り離すことで自らを強化する性質。独立する・はねつける。占有する・硬くする。
水			湿 モイスト	周囲とつながることで自らを強化する性質。連携する・共有する。結びつける・和らげる。

第1章　基本の惑星・サイン・ハウス

火のエレメント
牡羊座・獅子座・射手座

基本性質 精神性・熱意

「ホット＆ドライ」は自ら積極的に理想を追求し、周囲との温度差や落差を作り出して独立的な状態を作ることで自らを強化する性質です。楽しさやテンションが大事で、怒り、喜び、高揚感など、劇的な感情を素直に表現し、大胆に行動します。創造的ですが話の抽象度が高く、主観的で、現実的な説得力に欠けることもあります。また、自主性を重視するため、鼓舞して勇気づけることはできても、優しく寄り添うことが苦手です。

地のエレメント
牡牛座・乙女座・山羊座

基本性質 実際性・物質

「コールド＆ドライ」は技術や経験、お金などのリソースを占有することで周囲を切り離し、その有効活用によって自らを強化する性質です。データや物証を元に合理的な判断をする、地に足のついた性質です。根拠がないものは信じないので、精神論や感情論をドライな目で見がち。物質的で実用的な事柄への関心が高く、分析や整理をして具体化したり、無駄なく運用して収益化することが得意です。芸術的な感性や審美眼としても発揮されます。

風のエレメント
双子座・天秤座・水瓶座

基本性質 **知性・情報**

「ホット&モイスト」は外部に関心を向け、知識や情報を積極的に開示し、周囲とつながり連携することで自らを強化する性質です。情報収集力の高さと視野の広さが特徴で、比較検討して偏りのない客観的な判断ができます。好奇心の強さや他者への関心の高さがあり、平和的に外交することを好みますが、親密に接近されるのが苦手です。また、選択肢を増やすのは得意ですが、絞って具体化することに課題があります。

水のエレメント
蟹座・蠍座・魚座

基本性質 **情緒性・共感**

「コールド&モイスト」は感情を共有して心の距離を近づけ、仲間同士の助け合いによって自らを強化する性質です。想像力を働かせて相手の感情を自分のことのように感じ、弱さに寄り沿い、みんなのために献身します。それが結束を強めます。合理的な正しさよりも、好きで身近な共感できる人や事柄を信用します。仲間内に優しい反面、外部の人を警戒して排他的に振る舞ったり、情の深さは依存や過干渉につながる場合もあります。

クオリティとは

　黄道を約1年かけて1周する太陽は、毎年だいたい同じ日に各サインの同じ場所を通過します。つまり、12サインの特徴は、太陽が作り出す（北半球の）四季のサイクルと関連づけて説明することができます。

　春夏秋冬のそれぞれの季節の中に「スタート（活動宮）」「真っ盛り（不動宮）」「終盤（柔軟宮）」の3つのフェーズがあり、それに基づいたサインの分類をクオリティと言います。

牡羊座・蟹座・天秤座・山羊座

基本性質

スピード・促進力
先手必勝・短期計画

　春分・夏至・秋分・冬至を出発点とする、季節の始まりを担うサイン。「検討→決断→行動」までが速く、先手を打って主導権を握るタイプです。スピードとテンポのよさを大事にします。停滞した状態や単調な繰り返しを嫌い、じっと待たされるくらいなら、潔く諦めて仕切り直します。状況が落ち着いてくると関心が薄れたり、飽きて退屈するので、短期間で一気に走り切る計画をその都度立てるほうがよいです。

牡牛座・獅子座・蠍座・水瓶座

基本性質

ゆっくり・持続力
頑固・長期計画

真夏や真冬など季節の盛りを担うサイン。現状維持を望み「世界は変わらない」という前提で動いています。何事も長く続ける前提なので、検討には時間が必要。レスポンスも遅め（熟考して長文）です。行動開始は遅いですが、一度スタートを切ると決断は簡単に覆さず、持久力や忍耐強さを発揮します。また、自分のリズムを乱されたくないので、変化を拒みます。協調性が低く、良くも悪くも頑固です。

双子座・乙女座・射手座・魚座

基本性質

臨機応変・適応力
流れに乗る・計画の調整

季節の終盤の移り変わりを担うサイン。「何事も変化するかもしれない」という前提なので、自力で決断したり、長期計画を立てることは苦手。誰かが主導権を握って、率先して仕切ってくれたほうが楽です。他人が提示した条件や偶然のタイミングなど、周囲の流れを利用したほうがスムーズ。柔軟なつじつま合わせが上手です。変化に抵抗がなく、適応力もあるのですが、周囲が振り回されることがあります。

サインを支配する惑星
ルーラーについて

　惑星がサインの中にある時、惑星はそのサインの性質を帯びることになります。

　その組み合わせと特徴は様々ですが、その中で最も特別で、かつ占星術そのものの理解において重要なものがあります。それがルーラー（支配星）です。サインを「国」にたとえるなら、ルーラーはその国を治める「王様」です。もし惑星が、自分の支配するサインの中にある時（獅子座の太陽や、乙女座の水星のように）、そのサインの性質は惑星に心地よく馴染み、その惑星らしさを存分に発揮することができるとされています。

　占星術が成立した時点では土星までの7つの惑星のみが知られており、サインとルーラーの関係は、獅子座の太陽と蟹座の月を基準に、その他の5つの惑星が左右対称に配置されました。その後、近代になって天王星、海王星、冥王星が発見され、意味の類似性が認められるサインのルーラーとして、体系の中に組み込まれました。

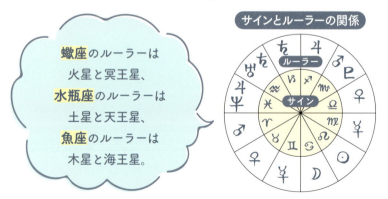

蠍座のルーラーは火星と冥王星、水瓶座のルーラーは土星と天王星、魚座のルーラーは木星と海王星。

サインとルーラーの関係

惑星とサインの相性
エッセンシャル・ディグニティ

　惑星とサインや度数などによって決定される、惑星の「強弱」や「質の良し悪し」などを測る指標のことを、エッセンシャル・ディグニティ（本質的品位）と言います。先述した、惑星が自分の支配するサインの中にいる配置はドミサイルと言い、エッセンシャル・ディグニティの中では最も高いポイントを獲得します。

　現代占星術でも使われることが多いのはこのドミサイルの他に、エグザルテーション、フォール、デトリメントの合計4種類です。

	ドミサイル （定座・本拠地）	エグザルテーション （高揚・称賛）	フォール （転落・下落）	デトリメント （損傷・損害）
太陽	獅子座	牡羊座	天秤座	水瓶座
月	蟹座	牡牛座	蠍座	山羊座
水星	双子座 乙女座	乙女座	魚座	射手座 魚座
金星	牡牛座 天秤座	魚座	乙女座	牡羊座 蠍座
火星	牡羊座 蠍座	山羊座	蟹座	牡牛座 天秤座
木星	射手座 魚座	蟹座	山羊座	双子座 乙女座
土星	山羊座 水瓶座	天秤座	牡羊座	蟹座 獅子座

第1章　基本の惑星・サイン・ハウス

エッセンシャル・ディグニティが高い

↑

ドミサイル
……典型的、王道的、正攻法で素直に発揮
エグザルテーション
……歓待、優遇、ハイテンションに発揮
フォール
……控えめ or 注目と承認のため過度に発揮
デトリメント
……意外性、逆張りのひねった形で発揮

↓

エッセンシャル・ディグニティが低い

　ネイタルチャートにおける惑星のエッセンシャル・ディグニティは、人生の成功や失敗を決定づけるものではなく、惑星が「惑星らしさ」を発揮する尺度として考えてください。僕は「エッセンシャル・ディグニティの高い惑星が、そのチャートの持ち主の意思決定の主導権を握る」という意見を採用しています。

　もしチャート内にドミサイルやエグザルテーションの惑星があれば、本人がその惑星の働きを信頼しており、その惑星に関連した事柄を自信を持って安定して行えたり、ハイテンションで取り組める傾向があります。また、デトリメントやフォールの惑星の性質を、単純に「弱い」と表現することはできません。定番とは逆の振る舞いをしている自覚があり、そこに開き直りの潔さがあったり、注目と承認を得るためにむしろ行動が活発化する場合もあります。

ここからは12のサインの**分類**や**性質**をチェック！

牡羊座

エレメント	火（ホット＆ドライ）
クオリティ	活動宮
ルーラー	火星

　サインの始まりである春分点から始まるサイン。「火＋活動宮」の組み合わせは、自ら火を起こすことや、飛び散る「火花」を連想させます。ルーラーは火星で、過剰な熱さや集中性、鋭さを意味します。リスクを承知で1人で挑戦し、新しい分野を開拓するタイプ。完成度や安全性よりも熱意やスピードを重視し、最短ルートを荒っぽく直進するでしょう。そのため、周囲との調和は二の次に。実験的な試みの中で前進します。鉄は熱いうちに打つことが肝心です。

牡牛座

エレメント	地（コールド＆ドライ）
クオリティ	不動宮
ルーラー	金星

　「地＋不動宮」の組み合わせは、地に足をつけた安定感や揺るぎない「大地」を連想させます。ルーラーは金星で、美と調和、快楽、喜びを意味します。優れた五感を持ち、その感性と経験を通して物事をじっくり吟味するでしょう。直に触れて確かめながら着実に進むタイプなので、未経験の事柄への抵抗が強く、着手や納得に時間がかかります。抽象論が苦手です。穏やかな一定のペースがあり、納得したことは覆さない頑固さも。お気に入りの物を大切にします。

双子座

エレメント	風（ホット＆モイスト）
クオリティ	柔軟宮
ルーラー	水星

「風＋柔軟宮」の組み合わせは、変化しながら流れていく情報や、風向きや風力が変化する「台風」を連想させます。ルーラーは水星で、知性や言語、交通などを表します。面白い情報を敏感にキャッチする知的好奇心が旺盛です。話題や語彙が豊富で頭の回転が早く、物事を要領よく理解します。それを文章や言葉で伝えて回るメッセンジャーの特徴が。興味を惹くものを見つけると、何かが途中でもすぐ飛び移る傾向があり、深めることよりもバラエティが重視されます。

 # 蟹　　座

エレメント	水（コールド＆モイスト）
クオリティ	活動宮
ルーラー	月

「水＋活動宮」の組み合わせは、勢いよく水しぶきを上げる「河川」や「滝」を連想させます。ルーラーの月は母親や子供に関係します。打ち解けた雰囲気や心の交流を大切にするタイプ。勉強会や飲食店、グループ企業など様々な形の活気があるファミリー的な居場所を作ります。親鳥が雛を守るように、愛する存在を大切に守り育てることや、自分たちの安心安全を第一に考えるでしょう。それは、よそ者に対する防衛心や排他性、身内を特別扱いすることにもつながります。

獅子座

エレメント	火(ホット&ドライ)
クオリティ	不動宮
ルーラー	太陽

「火+不動宮」の組み合わせは、長く安定して燃え続ける火、まさにルーラーである「太陽」を連想させます。太陽は太陽系の中心にあり、自らを燃焼させて熱と光を放出し、地上に昼を作り出す唯一の惑星です。「主役である私は舞台の真ん中で脚光を浴び、注目と称賛を集めている」という設定があります。周囲との温度差や落差が自分を盛り上げ、輝かせるのです。自分のカラーを出したいタイプ。演出がかった言動や上から目線は、他人と一緒にされたくないことの表れです。

 # 乙女座

エレメント	地(コールド&ドライ)
クオリティ	柔軟宮
ルーラー	水星

「地+柔軟宮」の組み合わせは、土を変化させること、つまり必要に応じていろいろな農作物を植えたり、日々細やかに手入れをする「畑」を連想させます。ルーラーは水星で、知性や言語、技術などに関係します。実務能力が高く、勤勉で緻密で謙虚です。「必要なものと不要なものを選り分ける」ことが基本の行動。細かい不備や不足にまず目がいき、それを丁寧に取り除くことで混沌を駆逐し、完成形に近づけます。それは批判精神や神経質さ、完璧主義と関連しています。

天秤座

エレメント	風（ホット＆モイスト）
クオリティ	活動宮
ルーラー	金星

「風＋活動宮」の組み合わせは、自ら積極的に情報を開示して他者と交流することや、交易の架け橋としての「貿易風」、「偏西風」を連想させます。ルーラーは金星で、美と調和、喜びなどに関係します。人に興味を持ち、活発にコミュニケーションを取るタイプ。客観的な視点を持ち、相手を正しく理解できるので、交渉や仲裁など外交的な手腕に長けています。人間関係の調和を乱さないために強い主張を避けがち。自分を魅力的で好印象に見せる上品な言動や装いが特徴です。

 蠍　　座

エレメント	水（コールド＆モイスト）
クオリティ	不動宮
ルーラー	火星・冥王星

「水＋不動宮」の組み合わせは、深く親密な心の交流や、「湖」や「沼」などの動きのない水、深さや濃さが特徴の水を連想させます。ルーラーは火星と冥王星で、過剰な熱さや集中力、強い圧、徹底性に関係します。強い絆で結ばれた信頼関係を重視し、それが末永く続くことを望むタイプ。本質を見抜く洞察力を備え、深く掘り下げて、対象の核心に迫ります。それは強い説得力や権力、支配力を持つ一方で、束縛や嫉妬、執着など、他者の自由を奪う場合もあります。

射手座

エレメント	火（ホット＆ドライ）
クオリティ	柔軟宮
ルーラー	木星

「火＋柔軟宮」の組み合わせは、周囲の状況に応じて燃え方が変わる火、例えば「焚き火」の炎を連想させます。ルーラーは木星で、拡大や保護、楽観性を表します。意欲に点火するには、他人や環境など偶然のきっかけが必要です。衝突は成長の機会だと考え、切磋琢磨する競争相手を歓迎するタイプ。遠い世界のポジティブな可能性にワクワクし、精神的な高みを目指します。その一方で、身近な細部の事柄に無頓着だったり、マイナス面を見ようとしないところも。

山羊座

エレメント	地（コールド＆ドライ）
クオリティ	活動宮
ルーラー	土星

「地＋活動宮」の組み合わせは、休みなく土（成果物）を生み出し続ける生産力、その結果や集大成としての「塔」や「城」を連想させます。ルーラーは土星で、構造や秩序、伝統、ルール、課題などを表します。結果を出すことを重視。そのためにリスクを予測し、無駄を省き、仕組み化して、着実に計画を進めます。保守的で、権威や伝統を重んじ、厳しい状況から目をそらさない忍耐力があるでしょう。やることをやらず子供っぽいことを言う人には冷たく塩対応なところも。

水瓶座

エレメント	風（ホット＆モイスト）
クオリティ	不動宮
ルーラー	土星・天王星

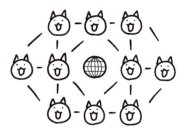

「風＋不動宮」の組み合わせは、全体を観察する定点カメラの視点や、国境や大陸をまたぐ「気団」を連想させます。ルーラーは土星と天王星で、合理性や一貫性、科学的な視点に関係します。広い範囲を俯瞰するメタ視点を持つ人。情報源が広いため、身の回りの常識や人間関係からは一歩引いて眺めており、一喜一憂しません。明晰で理屈っぽい知性です。たとえ好意からでも親密にされると重くて苦しいので、距離を置いて独立した風通しのよい関係性を好みます。

 # 魚座

エレメント	水（コールド＆モイスト）
クオリティ	柔軟宮
ルーラー	木星・海王星

「水＋柔軟宮」の組み合わせは、境目が曖昧な「霧」や「雲」を連想させます。受動的に、簡単に薄く同化する感情。ルーラーは木星と海王星で、全体で1つという統合的な視点です。繊細で同調力が高いため、他人の感情の影響を受けて流されやすいのですが、それは対象を選ばない献身的な優しさや慈悲深さでもあります。想像力と直感力に優れ、答えやマニュアルのない分野で才能を発揮します。ちゃんとできなくても許し合い、助け合えばよいという価値観です。

ホロスコープの ハウス

　ホロスコープにはサインと同様に、ある基準で12分割されたハウスという枠が描かれています。サイン（星座）に比べると、聞いたことがある人は少ないかもしれません。どちらもホロスコープの円を12分割しているという点で似ているので、混同しないように、まずは2つの違いをはっきりさせておきましょう。

サイン
惑星が**「どのように」**作用するかを表す。惑星に付与された心理的な欲求や傾向を読むことができる。

ハウス
惑星が**「どこで」**作用するかを表す。惑星の具体的な活動の領域、分野、場面を読むことができる。

\ 主語 /
惑星：太陽

\ どのように /
サイン：蠍座

\ どこで /
ハウス：第9ハウス

サインは黄道と天の赤道の交点の1つである春分点を出発点とし、それを含む二至二分のポイントを軸としていました。
　一方、ハウスは黄道と地平線の接点であるアセンダント（ASC）とディセンダント（DSC）、黄道と子午線の接点であるMC（ミディアム・コエリ）とIC（イムム・コエリ）を軸としています。これら4つを合わせてアングルと言います。

　プラシーダス・ハウス（P64参照）の場合、ハウスはアセンダントを出発点とする1ハウスから始まり、そこから反時計回りに2ハウス、3ハウス……と、12ハウスまであります。

　ハウスは日周運動と関係しており、地球の自転に合わせて、10個の惑星を乗せた黄道の円が回転し、約1日で1回転します。例えば、北半球の1日の太陽の動きに注目すると、日の出の時間には太

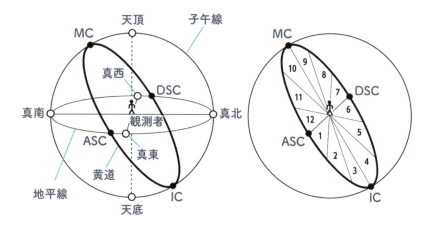

地上の座標とハウスの関係性

陽がアセンダント付近にあり、南中する時はMCに到達し、日の入りの時はディセンダント付近、北中する真夜中にはIC付近に到達します。さらに時間を進めると、再び太陽はアセンダントに接近し、翌日の日の出がやってきます。

地平線……天と地の境界線
子午線……観測者から見て天頂、天底、真北、真南を通る大円

アングルとは？
アセンダント（ASC）…………黄道と東側の地平線との接点
ディセンダント（DSC）………黄道と西側の地平線との接点
MC（ミディアム・コエリ）……黄道と南側の子午線との接点（北半球の場合）
IC（イムム・コエリ）…………黄道と北側の子午線との接点（北半球の場合）

日周運動とホロスコープの関係性

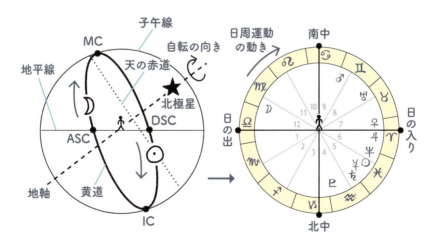

下図は、連続的に時間を２時間ずつ進めたホロスコープです。アセンダントのサインが「蠍座 → 射手座 → 山羊座……」と順番に変化していくのがわかると思います。時間の経過と共に黄道の輪が時計回りに回転し、東の地平線から順番にサインが昇ってくる様子をイメージしてください。それに伴って、各サイン上に配置された惑星も一緒に時計回りに回転していきます。アセンダントの度数は平均すると約２時間で30度、約４分で１度進みます。

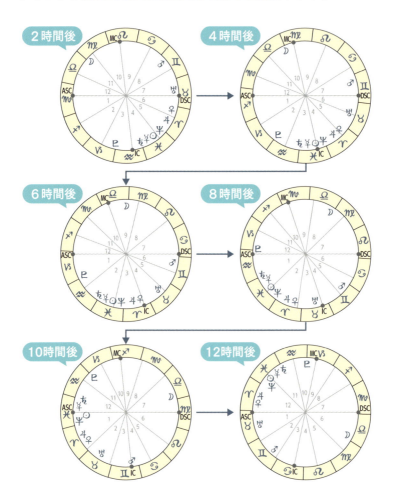

ハウスの中で最も重要なポイントはアングルです。これら４つのポイントの付近に何か惑星がある場合、それはとても際立った働きをします。そのホロスコープの持ち主の個性を説明するうえで、欠かすことのできない要素になるので見逃せません。

　ハウスの境界線を「カスプ」と言いますが、アングルがカスプとなっている（アングルから始まる）４つのハウス（１・４・７・10ハウス）をアンギュラー（＝「角、尖った」という意味）ハウスと言い、人生の中で要となる４つの分野を担っています。その意味で、これらのハウスにある惑星も重要度が高くなります。

　２・５・８・11ハウスをサクシーデント（＝「次に続く」という意味）ハウスと言い、手前のアンギュラーハウスを支援するためのリソースを担います。
　３・６・９・12ハウスをケーデント（＝「下降する」という意味）ハウスと言います。物事に意味を与えたり、他者や世間に対する貢献や調整を担うハウスです。

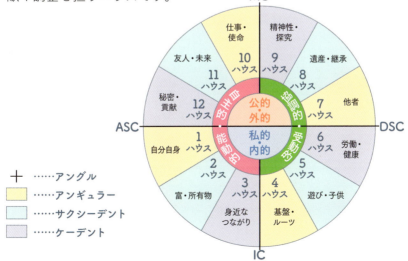

最も大事なチャートルーラー

　12のサインにはそれぞれのサインを支配する惑星（ルーラー）が割り当てられていました。同時に、惑星はハウスも支配しているので、「ハウスのルーラー」という考え方があります。ホロスコープのどこかのハウスを解釈する場合、注目するポイントは以下の3つです。3番目がハウスのルーラーのことです。

> ❶　ハウスの中にある惑星
> ❷　ハウスのカスプ（始まりの線）のサイン
> ❸　ハウスの（カスプのサインの）ルーラー

　ハウスのルーラーの中では1ハウス（のカスプであるアセンダントのサイン）のルーラーが最も重要。これをチャートルーラーと言って、その人の特徴を知るうえで極めて重要な意味を持ちます。

　アセンダントのサインは、その人の第一印象や「この世界にどう踏み出していくのか」という基本姿勢などに関係します。それに対し、チャートルーラーはその人が「どこで、どのように振る舞っているのか」という実際の具体的な行動を物語ってくれます。例えば、アセンダントが牡羊座ならば「前置きなしでいきなり何かを始める」という基本姿勢です。では、その矛先がどこへ向かうのか。牡羊座のルーラーは火星であり、これが例えば乙女座の6ハウスにあるなら、その人は「職場か作業部屋にいて、細かい分析や実務的なルーティンワークに熱中している」ことになります。

　また、仕事やキャリアを読む場合は、10ハウスのルーラーに注目します。アンギュラーハウスのルーラーは重要と覚えておきましょう。

ジョイとアバージョン

　惑星には居心地がいいサインがあるように、各惑星がイキイキと力を発揮できるとされるハウスがあります。その配置にあることをジョイ（ジョイ・オブ・プラネット）と言います。

　これは、ハウスがジョイとなる惑星のような性質を持っているとも考えられます。金星は５ハウスでジョイですが、５ハウスには遊びや子供、創作といった金星的な喜ばしい事柄の象意があるのです。

　また、ホールサイン・ハウス（P64参照）で、あるハウスから見てメジャーアスペクト（P68参照）ができないハウスをアバージョン（＝「嫌悪」という意味）と言い、そこは「見ることができない」「力が及ばない」とされます。２・６・８・12ハウスは古典的には比較的ネガティブな意味が与えられていますが、それは１ハウスからアバージョンの位置にあることが根拠の１つになっているのです。

　個人的には、個人の性格を読むうえで、直接的にはジョイやアバージョンの解釈を取り入れてはいませんが、各ハウスのイメージの違いをつかむうえで、非常に有効な知識だと考えています。

　次のページからは、各ハウスの個別の意味を説明します。対向のハウスは対になっている密接な関係性があるので、上下の配置に並べています。

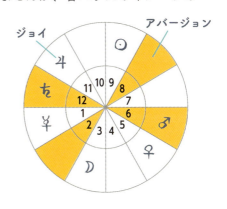

❶ ハウス

「自分自身」に関すること

| 区分 | アンギュラーハウス |
| 状態 | 水星のジョイ |

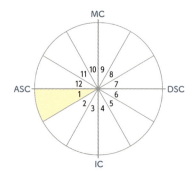

生き方の基本姿勢

どのような態度で世界に向き合い、自分を押し出すか、という生き方の基本姿勢や行動パターンを表します。また、人に見せている顔、身につけている「仮面」です。

外見・第一印象

顔つきや容姿、体質、健康（生命力、身体の丈夫さや虚弱さ）などの身体的な特徴だけでなく、ファッションや髪型なども含む外見、雰囲気や佇まいを表します。

出生時の状況・物事のスタートさせ方

特にASCのサインやその付近にある惑星は出生時の状況を表します。それは、その後の人生の様々な場面における物事のスタートのさせ方やその動機、世界に対するアプローチ方法として繰り返し再現されます。

❼ ハウス

「他者」に関すること

| 区分 | アンギュラーハウス |
| 状態 | 特になし |

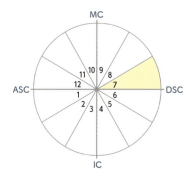

他者の特徴・パートナーシップ

伴侶、ビジネスパートナー、クライアント、恋人、ライバルなど、1対1で関わる他者の特徴や対人関係の場面を表します。自分と他者の関係性を読む時は、チャートルーラーとDSCのルーラーに注目します。

他者や環境の反応

自分の行動（＝1ハウス）を環境や他者がどのように受け止め、反応するのか、という基本的なパターンを表します。

他者に投影された自分の特徴

他者に投影しているため「自分には含まれていない」とみなしている自分の特徴を表します。それは他者という鏡に映し出した自分の一側面であり、他者の中に見つけてから自分の中に見出すものです。

❷ ハウス

「富・所有物」に関すること

区分	サクシーデントハウス
状態	アバージョン

有形無形の自分の資産
自分に属しており、自分を支援するリソース全般です。お金や持ち物など、本人が自ら獲得する有形の資産だけでなく、知識や技術、生まれ持った才能、人脈などの無形の資産も表します。土地や建物などの不動産（動かすことができない財産）は4ハウスに関係します。

自分のお金・収支
自分のお金の動きや財政状況を表します。収入を得る手段やお金の使い道を読む場合は、2ハウスの（カスプが位置するサインの）ルーラーに注目します。

価値観
お金を支払って所有したいと感じるような、価値を置いている物や事柄を表します。

❽ ハウス

「遺産・継承」に関すること

区分	サクシーデントハウス
状態	アバージョン

他者の資産・継承・遺産
他者に属するリソース全般です。他者を通じて自分が何かを譲り受けることと失うことの両方を表します。例えば、前任者から仕事や顧客を引き継ぐ、親から遺産を引き継ぐ、先人の技術や思想を継承する、借金や税金といった金融上の義務などです。

他者のお金・共有財産
パートナーの収入や財政状況、所有物、収入につながる資源を表します。それは自分のコントロールが及ばない共有財産です。

親密な関係性・変容・死
他者との深い関わりを表します。自由が制限されるために危機や苦悩が生じますが、結果的には創造的な変容が起こります。死に関する事柄もこのハウスが担います。

第1章 基本の惑星・サイン・ハウス

③ハウス

「**身近なつながり**」に関すること

| 区 分 | ケーデントハウス |
| 状 態 | 月のジョイ |

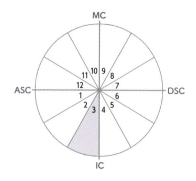

知的活動・コミュニケーション・初等教育
日常的な身近な場面における交流やつながりに関すること全般です。コミュニケーションや通信（メール、電話、本、ネットのニュース、SNSなど）の特徴や方法、興味を抱くテーマを表します。また、基礎的な学習方法や情報と言語の処理、初等教育も。

身の回りの関係性
兄弟姉妹、いとこ、甥や姪などの親戚（親は4ハウスに関係します）、近所の隣人の特徴や、彼らとの関わり方を表します。

短距離の移動・近い場所
通勤通学の経路や散歩道、小旅行など、ルーティンに組み込まれた定期的な移動や交通。また、それに関連した物理的・心理的に近い場所を表します。

⑨ハウス

「**精神性・探求**」に関すること

| 区 分 | ケーデントハウス |
| 状 態 | 太陽のジョイ |

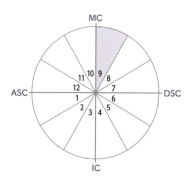

精神性・思想・学問・高等教育
意識の拡大や向上心に関すること全般です。精神性を支えるもの（神、宗教、信仰、思想、哲学など）や、知識の要点や本質、スピリットをつかもうとする姿勢、専門性や抽象性の高い知識を学習する方法、高等教育もこのハウスが担います。

遠い世界との関係性
教育機関や教師、その思想や学問的テーマの特徴、またそれを広範囲に伝える方法（出版、広告、メディア）を表します。

長距離の移動・遠い場所
長旅、探索、冒険などルーティンに組み込まれていない移動や交通。また、神社仏閣、海外、大学、図書館、博物館、道場など、精神性に関係した場所を表します。

④ ハウス

「基盤・ルーツ」に関すること

- 区　分　アンギュラーハウス
- 状　態　特になし

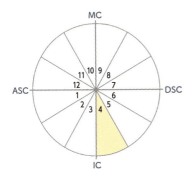

土台・根を張る場所
このハウスは樹木の「根」にたとえられます。地下で幹を支え、水分と養分を供給し、実り（成果＝10ハウス）につなげるための人生の土台です。

私的な場所・家
物理的な場所（住んでいる家、自宅、活動拠点、本拠地、土地、不動産）だけでなく、心理的な居場所（心の拠り所、そこに戻ると充足できる場所）も表します。

家族・親・ルーツ
家族、親（日本は父方の姓を継ぐ文化なので父親の意味合いが強い）、祖父母、ルーツ、地元、故郷などの特徴を表します。家や親と自分との関係性を読むには、チャートルーラーとICのルーラーに注目します。

⑩ ハウス

「仕事・使命」に関すること

- 区　分　アンギュラーハウス
- 状　態　特になし

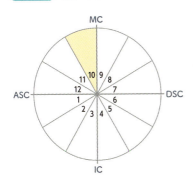

名誉・野心・キャリア
このハウスは樹木のてっぺんの「実り」にたとえられます。名誉や栄光の獲得を目指す野心と、そこに至る道筋として築くキャリア、達成した業績などを表します。

社会における役割・職業・仕事
社会から要請され、職業上で担うことになりやすい役割です。それを果たすことは地位を築く手がかりになります。実際の仕事の中身はMCのルーラーに示されます。

公的な顔・権威
名刺の肩書きや公式サイトのプロフィール欄など、公的に明示する自分の立場や名前です。それは初対面の自己紹介で名乗ることが多いです。また、公的な場面の人間関係（職場の上司、管理者）も表します。

⑤ハウス

「遊び・子供」に関すること

区分	サクシーデントハウス
状態	金星のジョイ

遊び・創造性
自分を喜ばせて元気にすること、純粋にそのためだけにすること全般です。例えば、娯楽、創作活動や創作作品の鑑賞、またそれに関連した場所（テーマパーク、劇場、映画館、ライブ会場、競技場など）です。

子供・恋愛
子育て、妊娠、出産、セックスなどに関係。遊びや楽しみに重点を置いた恋愛（恋愛感情）は5ハウスですが、恋人は1対1で関わる他者なので7ハウスに示されます。

投機・ギャンブル
自分のリソースを消費し、自分をさらけ出し傷つくリスクを冒して行う活動です。結果よりも個人的な遊び心や創造性を重視した企画などもこれに関係します。

⑪ハウス

「友人・未来」に関すること

区分	サクシーデントハウス
状態	木星のジョイ

友人・仲間・グループ
共通の目的や理想、興味関心を共有するグループや仲間を表します。コミュニティ、愛好会、勉強会、支援団体など。また、それに関連した場所（オンラインサロン、シェアオフィス、レンタルスペース、公民館、集会室など）を表します。
10ハウスでは地位の獲得や成果が重視され、責任と上下関係が伴いますが、11ハウスはグループ共通の目的や大義が重視され、メンバー同士の対等で双方向の横のつながりが特徴です。親友のような特定の個人との関係性は7ハウスに示されます。

未来・希望
どのような希望を持ち、未来のイメージを思い描くのかを表します。それは友人やグループの特徴に反映されます。

6ハウス

「労働・奉仕」に関すること

区分	ケーデントハウス
状態	火星のジョイ／アバージョン

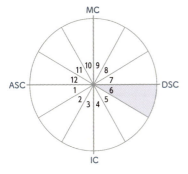

労働・職場環境
日常的に行っているルーティンワークの内容や職場環境を表します。また、雇用に関する人間関係（同僚、従業員など）です。

奉仕・労役
他者や社会の要求に応えるために自己を抑制し、奉仕的に行う業務を表します。自分が雇用主の場合は、6ハウスが業務を行う従業員の特徴を表すのと同時に、彼らに対する自分の態度も表します。世話をするペットや小動物もこのハウスに関係します。

心身のメンテナンス
心身の健康を維持するための調整（家事、衛生、健康法、トレーニング、医療など）を表します。また、生命力（1ハウス）を阻害する病気やその原因も示されます。

12ハウス

「秘密・貢献」に関すること

区分	ケーデントハウス
状態	土星のジョイ／アバージョン

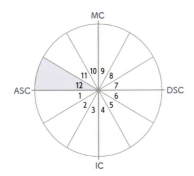

舞台裏・秘密・隠遁（いんとん）
裏方、世間の目に触れない匿名の活動、本人から見えないために恐れているもの、隠れた敵（隠れていない敵＝敵対者やライバルは7ハウス）などを表します。また、世間を離れて閉じこもる場所（病院、福祉施設、避難所、刑務所など）の特徴です。

社会貢献・犠牲と慈善
不特定の誰かや社会全体の利益のために、個人的な権利や報酬などの犠牲を払って貢献する活動（ボランティア活動、福祉、公職）を表します。

魂のメンテナンス
潜在的な障害や罪悪感から魂を解放するための活動（奉仕活動、精神修養、瞑想、心理セラピー、芸術など）を表します。

ハウスシステムと5度前ルール

　ハウスのカスプを定めるための計算方法のことを、ハウスシステムと言います。ハウスシステムには様々な種類があります。大きく分けると、四分円システムと、等分円システムに分類できます。

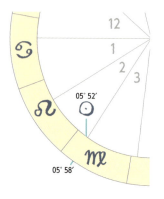

　四分円システムは、4つのアングルの位置を1・4・7・10ハウスの入り口として固定し、アングルの間をそれぞれ3つの領域に分割する方法です。現在、多くのホロスコープ作成サイトやソフトでデフォルトに設定されているプラシーダス・ハウスもこれに該当します。それに対して等分円システムは、すべてのハウスを均等な幅に分割する方法です。古典占星術でよく使われるホールサイン・ハウスはこれに該当します。

　四分円システムを使用する際、「5度前ルール」という考え方があります。これは「惑星がどこのハウスの中にあるのか」を把握する時に使います。「惑星が後のハウスのカスプの近く（手前5度の範囲内）にある場合、その惑星は後のハウスのカスプに接している≒隣のハウスの中に入っている」とみなします。

　例えば、上の図では3ハウスのカスプ（乙女座5度58分）の手前5度の範囲内に太陽（乙女座5度52分）があります。太陽の位置は2ハウスを指していますが、5度前ルールを適用すると「太陽は3ハウスにある（3ハウスのカスプに接している）とみなせます。

第 2 章

占星術のチュートリアル
Part2

本質を
見つけ出す
アスペクト

ホロスコープ・リーディングの精度を高める最
も重要なカギ。それは、惑星同士の結びつき＝
アスペクトの読み方。ロジカルかつ具体的にア
スペクトの読み方を解説します。

アスペクトを読めば
本当の姿が見えてくる

　惑星のサインやハウスを断片的に読んでも「当たっていない」と感じる場合があります。例えば、月が乙女座（清潔でインドア派なサイン）にあるのに、アウトドア派で、休日は車であちこち動き回っているという人もいます。アスペクトを読むことで、そこに不足していた情報をカバーすることができるのです。そして、実際のその人に近い「当たっている」解釈に近づけるでしょう。

　アスペクトは「見る」「目を向ける」という意味の言葉です。

　隣で優しい視線を送っている、真正面から鋭い視線を突きつけている、あるいはよく見えない（視界に入りづらい）場所にいるなど、惑星同士の関係性を視線でイメージしてみましょう。

　基本的にアスペクトは、ホロスコープ上に「線」として表現されています。それは惑星が惑星に投げかける視線であり、また惑星の力が流れる道筋とみなすこともできます。惑星の影響がもう一方の惑星に混ざると、実際の行動が変化します。

　惑星同士が「どのように」結びついているのか。緊張感を伴った過剰で極端な影響なのか？　それとも、優しく穏やかな影響なのか？　その違いはアスペクトの種類から判断することができます。

例えば、木星は拡大や発展、楽観性などを表しますが、その影響もアスペクトの種類によって異なります。キャパシティを超えて「もっと大きく、もっとたくさん」とグイグイ迫るような影響（180度／オポジション）なのか、「ほどほど」の分を超えない調和的で安全な範囲内の影響なのか（120度／トライン）、という違いです。

　アスペクトの種類は、ホロスコープの外周の円（＝12のサインが配置された黄道を表す）の中の2点と、円の中心を結んだ時の中心の角度で表現されます。

　ホロスコープを読むにあたって、アスペクトが解釈できるようになるとリーディング精度は格段に上がります。しかし、占星術を学び始めた人にとって、最初の難関でもあります。なぜなら、1つのホロスコープの中にかなりの数のアスペクトが含まれているからです。「いったいどれから読んだらいいの？」と、リーディング中に迷子になってしまうのです。

　そこで本章では、アスペクト解釈の指針をお伝えします。いくつかの注目ポイントと優先順位を理解すれば、もう迷子になりません。そしてきっと、アスペクトを読むのが楽しくなるはずです。

　まずは、アスペクトの種類について見ていきましょう。

重要なアスペクトを見つける❶
アスペクトの種類

　右のページの図の通り、アスペクトは2つの惑星の間の角度で表現されます。

　コンジャンクション（0度）、オポジション（180度）、スクエア（90度）、トライン（120度）、セクスタイル（60度）はメジャーアスペクトと呼ばれます。

　本書では、そこにマイナーアスペクトの1つであるクィンカンクス（150度）も加えた合計6種類のアスペクトを中心に解説します。

〜アスペクトの定義〜

メジャーアスペクトは、占星術の重要な教科書『テトラビブロス』（プトレマイオス著・2世紀）で体系化された5種。元々、アスペクトは30度ごとのサインとサインの関係性において成立するものとされていた。

マイナーアスペクトは17世紀頃、ヨハネス・ケプラーによって考案された。彼はアスペクトの考え方を改定し、2つの惑星の間の距離（角度）に基づいたものとした。本書を含む現代占星術の書籍では、この考え方をベースにしてアスペクトが説明されることが多い。

アスペクトの種類別の優先順位

高

コンジャンクションとハードアスペクトは、その人物を特徴づける際立った性質として表れることが多いので、優先順位が高くなる。

ハードアスペクト

惑星の影響が過剰に働く。衝撃が強くコントロールが難しいが、劇的な変化をもたらす。ハイリスク・ハイリターン。

ソフトアスペクト

惑星の影響が調和的に働く。惑星の性質を妨げずに応援する。穏やかで気楽だが、変化を嫌うため無難な選択をしがち。

単独のソフトアスペクトが突出した性質として表れることは少ない。しかし、アスペクトの誤差（後述）が小さい場合や、惑星の種類、複合アスペクト（後述）などの条件によっては、際立った性質として表れる場合もある。

低

重要なアスペクトを見つける❷
アスペクトの誤差

　アスペクトは、ホロスコープの円の中の2点と、円の中心を結んだ時の中心の「角度」で表現されると説明しました。

　この角度には、許容度（占星術用語でオーブと言います）があります。2つの惑星が正確に特定の角度を成す位置になければアスペクトが成立しない、というわけではなく、多少の幅（誤差）を持たせて考えることができます。

　例えば、トラインは120度ですが、許容度を6度とした場合、惑星が114〜126度の範囲にあれば、トラインが成立しているとみなせます。許容度の数値は人によって（参照する本や先生の意見によって）異なりますが、僕は基本的に6〜8度を目安にしています。

　誤差の大きいものまで含めると、1つのホロスコープに膨大な数のアスペクトが成立することになるため、優先順位づけが必要です。誤差が小さい正確なアスペクトほど重要度が高くなり、誤差が大きくゆるいアスペクトの重要度は低くなります。

　アスペクトによってもたらされる惑星の影響の強弱を「写真」にたとえてみましょう。正確なアスペクトは、被写体がはっきりと写っている写真、ゆるいアスペクトはピントがズレて何が何だかわからない写真です。

ただし、ゆるいアスペクトだとしても、例えばそれが重要な惑星である太陽や月などに結びついている唯一のアスペクトならば、重要度は高くなります。

誤差が小さい	誤差が大きい
正確なアスペクト（重要度が高い）	ゆるいアスペクト（重要度が低い）
ピントの合った写真のよう	ピントがズレた写真のよう

各アスペクトの意味と角度・許容度・重要度についてここで整理しておこう！

※2つの惑星のエレメント、クオリティの欄は基本の組み合わせ。アウト・オブ・サイン（詳細はP83）の場合を除く。

コンジャンクション

惑星間の角度	記号
0度	☌

許容度（オーブ）：太陽か月を含む場合 8度　その他 6度

重要度　★★★★★

2つの惑星のエレメント：同じ
2つの惑星のクオリティ：同じ

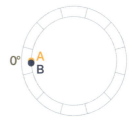

影響が最も強いアスペクト。AとBは2つで1つのように働き、別々のものとして切り離すことができません。例えば太陽と火星のコンジャンクションなら、人生目的（太陽）と挑戦や競争（火星）が常にセットのアスリート的な精神の人に。AとBに対して、ハードアスペクトを作る惑星があればハードアスペクト的に、ソフトアスペクトの惑星があればソフトアスペクト的に働きます。

2人は一心同体

第2章　本質を見つけ出すアスペクト

オポジション（ハードアスペクト）

惑星間の角度	記号	2つの惑星のエレメント
180度	☍	火と風／地と水

許容度（オーブ）	太陽か月を含む場合：8度　その他：6度	2つの惑星のクオリティ
		同じ

重要度　★★★★☆

　AとBは正反対に位置し、じっと見られている緊張感があります。相手側の惑星の期待通りのレスポンスを迫られているのです（それは惑星の種類やサインなどによって異なります）。2つの惑星は基本的に反対側のサインになるため、対照的な意味を持ちます。BはAの不足部分を鋭く指摘し、Aはそれを踏まえて対処する（アウトプットする）ことで、結果的に不足を補うことができるでしょう。

スクエア（ハードアスペクト）

惑星間の角度	記号	2つの惑星のエレメント
90度	□	火と地／火と水／風と地／風と水

許容度（オーブ）	太陽か月を含む場合：8度　その他：6度	2つの惑星のクオリティ
		同じ

重要度　★★★★☆

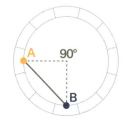

　AとBは性質が全く異なるため、一方の前進はもう一方にとって唐突な割り込みや横やりに感じられ、半ば強制的にストップがかかります。急発進と急ブレーキ。BがスイッチオンのときはAはオフになり意識の裏に。AとBは片方ずつしか働かず、同時進行はできません。AとBどちらも反動で勢い余って行き過ぎになるため、コントロールがしにくいです。しかし、変化を起こす強い活力を備えています。

トライン（ソフトアスペクト）

惑星間の角度	記号	2つの惑星のエレメント
120度		同じ

許容度（オーブ）	太陽か月を含む場合 8度　その他 6度
重要度	★★★☆☆

　似たもの同士が常に手をつないで助け合っているような関係で、同じエレメントの要素が安定供給されている状態。Aは特に努力しなくてもBから期待通りのサポートを受け、Aらしさが促進、支持、強化されます。抵抗が少なく気楽で、安全で快適に加速や増長が促される関係。ただし、リスクを伴う変化を嫌うため、単調で安易な方法を選びがち。お決まりの定番パターンを繰り返す傾向があります。

セクスタイル（ソフトアスペクト）

惑星間の角度	記号	2つの惑星のエレメント
60度		火と風／水と地

許容度（オーブ）	太陽か月を含む場合 6度　その他 4度
重要度	★★★☆☆

2つの惑星のクオリティ　異なる

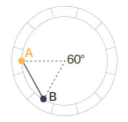

　Aの呼びかけに対して、Bが応答するかのような関係。はずみをつけ、建設的な変化と相乗効果を促す機会を与えます。トラインはAの行動の一部にBが組み込まれているかのようで、Aは努力を必要とせず自動的に機能していますが、セクスタイルではAとBはエレメントが異なるので、連携を機能させるためには工夫や努力が必要。そのため、単調なパターンの繰り返しにはなりにくいでしょう。

クィンカンクス（ハードアスペクト）

惑星間の角度	記号	2つの惑星のエレメント
150度	⚻	火と地／火と水／風と地／風と水

許容度（オーブ）		2つの惑星のクオリティ
3度		異なる

重要度　★★☆☆☆

　AとBはエレメントもクオリティも異なるため、共通の土台がありません。また、お互いが見えにくい位置関係（アバージョン／P57参照）にあるため、他のハードアスペクトのような変化を余儀なくされるほどの強いストレスもありません。ミスマッチなもの同士を、努力してすり合わせていくことで、特有の連携が生まれます。あるいは、単純に「結びつきのなさ」「別々のもの」として実感される場合も。

ノーアスペクト

惑星間の角度	記号	2つの惑星のエレメント
―	―	―

許容度（オーブ）		2つの惑星のクオリティ
―		―

重要度　ケースバイケース

　他のどの惑星ともメジャーアスペクトを形成しない位置にある惑星のこと。他の惑星による影響を受けず、その惑星だけが独立した「副人格」のように機能します。その影響が活発に表れるか否かは、惑星の種類やサインやハウスなどの条件によって異なります。一見ノーアスペクトでも、実は正確なマイナーアスペクトが形成されていて、実際にはその影響がとても色濃く表れているケースもあります。

重要なアスペクトを見つける❸
惑星の組み合わせ

　アスペクトの種類について解説しましたが、それだけにとらわれると、「ハードアスペクトが多いから苦難が多い！」などリーディングが短絡的になってしまいます。アスペクトの種類だけでは、具体的な意味まで読み取れないからです。

　アスペクトを読むうえで最も大切なことは、「２つの惑星を組み合わせると、どんな意味になるか」という情報です。

　アスペクトの線は、惑星から惑星へ流れる力の道筋だと解説しました。では、どちらからどちらへ力は流れているのでしょうか？それは、遠い惑星から近い惑星へと流れます。

遠い惑星
近い惑星に対して影響を与える、エネルギーの供給源。近い惑星の意味に、補足説明を付け加えるイメージ。

近い惑星
具体的な行動を起こす主体になる。遠い惑星の影響を受け取り、それを携えて実際に行動するイメージ。

例えば、太陽と木星の間に何らかのアスペクトが成立しているとしましょう。この場合、遠い惑星は木星、近い惑星は太陽。ハード／ソフトなどアスペクトの種類に関係なく、太陽に対して木星の影響がもたらされることになります。

　目的を意味する太陽（近い惑星＝主体）に対して、拡大や発展を意味する木星が影響を与えるということです。つまり、太陽に対して木星の特徴が追加されます。

　その人物が何かを目指して意欲的に行動を起こす時、必ず何らかの形で木星的な作用を伴うのです。木星的な特徴を持つ太陽と言い換えることもできます。不足や苦手な部分よりは、プラスの側面に目を向け、「きっとうまくいくはず」と前向きに可能性を信じて（＝木星）、進もうとする（＝太陽）はずです。

木星と太陽のアスペクトの場合

コンジャンクション

木星は、太陽と常に一体化した状態で働く。
⇒太陽に対する木星の影響が、最も強く働きやすい形。保護や援助、大きな目標など。

ハードアスペクト

木星の影響は、太陽に対して強いインパクトを伴って過剰に働く。
⇒キャパシティを超えた急激な拡大を目指す。楽観的、過保護。

ソフトアスペクト

木星の影響は、太陽の邪魔をせず、無理をさせず安全で穏やかに働く。
⇒キャパシティを超えない範囲の適度なサポート。ゆるやかな発展。

ただし、アスペクトの中で太陽と月の組み合わせは例外的です。個性を読むうえでどちらも「核」となる惑星だからです。遠い惑星の太陽が、一方的に近い惑星の月に影響を与えるのではなく、「目的、公的な顔」と「習慣、私的な顔」の相互関係や対比と考えてください。

　例えばスクエアの場合、太陽（公的な顔）と月（プライベートの顔）が別人のように対照的になります。太陽の側に意識がある時は月の意識がオフになっているため、職場で会っていても、私生活の姿は全く想像できないかもしれません。

　水瓶座の太陽と牡牛座の月のスクエアを持つある人は、人材派遣の仕事で冷静に俯瞰的に周囲に目を配っていますが、プライベートでは花や植物など自然に触れるのが好きということでした。その2つの側面をきっぱりと分けて、中途半端に混ぜたりせず、交互に切り替えるというところにスクエアの特徴が表れています。

　また、太陽と月の関係性は、メジャーアスペクトがない場合でも、次に解説するサインやハウスの対比から重要な情報を得られます。前述の例で言えば、水瓶座の太陽と牡牛座の月の間にスクエアが成立していない場合、それほど極端な形での意識や行動の切り替えは起こりませんが、同様の特徴を持つことが考えられます。

遠い側の惑星のサイン・ハウスは
重要な補足情報

　ここまで解説した❶アスペクトの種類、❷アスペクトの誤差、❸2つの惑星の組み合わせ。これらが解釈の軸となりますが、さらに詳しい情報を導き出すためには、アスペクトを形成する2つの惑星のサイン・ハウスに注目するといいでしょう。

　最初は2つのうち、影響を与える側＝遠い惑星のサイン・ハウスに注目してみましょう。遠い側の惑星のサインは、その惑星が「どのような」性質を持っているかを示します。

　個人的な経験では、各サインのキーワードを当てはめるよりは、エレメントとクオリティからざっくりと意味を補うだけでも十分だと感じます。おなじみのサインのキーワードを持ち出すと、解釈がサインの意味に引っ張られすぎてしまい、解釈がアンバランスになる可能性が高くなるからです。

　まずは、遠い側の惑星のエレメントの解釈のしかたです。近い側の惑星との結びつき方（つまり、アスペクトの種類）が、ハードアスペクトなのか、ソフトアスペクトなのかによって、エレメントの作用に違いが出てきます。

　例えば、牡羊座にある木星が、太陽とハードアスペクトを形成していたとします。その場合、木星は火のエレメントの性質を帯びているのですが、この太陽に対する影響には、ハードアスペクトのニュアンスが加わることになります。

もし、太陽が具体的な成果や着実さを重視する地のエレメントだとすれば、この木星はそこに強い刺激と変化を与えます。「目の前の細かい損得にとらわれず、思い切って新しいアイデアを試そう！失敗して一時的に損失が出ても、後から挽回すればいい。だから予算は多めで」と考え、行動するはずです。

　ちなみに下の解釈表のハードアスペクト／ソフトアスペクトの区分けは、あくまで「目安」です。解釈の文脈に合ったキーワードを両方の枠から探してみてください。

◇遠い側の惑星エレメントが、
　近い側の惑星にどんな影響を与えるか

	ハードアスペクト ←——→ ソフトアスペクト	
火	大胆に／高いリスクをとって／膠着状態を破って／荒っぽく／豪快に／激しく／リソースを大きく消費して／反発して／独立的に	エネルギッシュに／にぎやかに／元気に／勢いよく／高揚させ／ノリよく／明るく／前向きに／自主的に／励まし／創意工夫して
地	型にはめて／制限して／懐疑的に／損得勘定で／重箱の隅をつつき／打算的に／無駄を省き／成果主義的に／批判的に／機械的に	堅実に／保守的に／地に足をつけて／計画的に／仕組み化して／背伸びをせずに／着実に／丁寧に／具体的に／まとまりのある
風	私情を挟まず／身内びいきをせず／外部と連携し／リソースの開示と共有／冷静沈着に／無慈悲に／そっけなく／冷たく突き放し	ロジカルに／平等に／均衡を保って／合理的に／バランスよく／オープンに／平和的に／先入観を捨てて／要領よく／賢く／比較検討
水	同調圧力／排他的に／防衛的に／過干渉な／束縛的な／鎖国的に／馴れ馴れしく／秘密主義的な／情に訴えて／集団に従わせ	共感的に／優しく／気持ちに寄り添って／打ち解けた／愛情深く／直感的に／親密に／繊細に／温もりのある／持ちつ持たれつ

第2章　本質を見つけ出すアスペクト

次に、遠い側の惑星のクオリティの解釈のしかたについてです。

エレメントと同様、遠い側の惑星のクオリティに注目してみましょう。行動の仕方、スピードや時間の感覚に関係します。非常にシンプルですが、解釈するうえでとても役に立つ情報だと感じます。

活動宮……動きが速い、先手を打つ、活発、主導権を握る
不動宮……動きが遅い、現状維持、継続力、抵抗する、頑固
柔軟宮……状況を見て臨機応変に反応、柔軟性、計画性のなさ

例えば、遠い惑星が不動宮ならば、その惑星は「じっくり時間をかけて取り組む持続力や粘り強さ」という性質を持ち、その影響を近い側の惑星に与えることになります。

異なるクオリティ同士の組み合わせは、基本的にソフトアスペクトです。近い惑星のクオリティが持つ不足部分やデメリットを、遠い惑星のクオリティが補うような形とも解釈できます。

乙女座（柔軟宮）の太陽に対して、牡牛座（不動宮）の木星がトラインなら、受け身で待ちの姿勢になりがちな柔軟宮のデメリットを、遠い側の不動宮が、ブレない判断基準や、一定のペースを維持するという意味で補います。

同じクオリティ同士の組み合わせになるのは、基本的にハードアスペクトの場合。そのアスペクトが持つ動きが、先手必勝のスピード型か、ゆっくり頑固な持続型か、流れに乗る臨機応変型か、という各クオリティの特徴が、過剰に強化された形で表れます。

補足情報の最後は、遠い側の惑星のハウスの解釈についてです。アスペクトを作る惑星の影響が「どこから（どんな場面から）」来るのか、という情報を付け加えます。ハウスを読むことで、アスペクトの解釈がより具体的で立体的になるのです。

　例えば、先述した木星と太陽のハードアスペクトの例で、木星が7ハウスにあるなら、その太陽を「きっと大丈夫だよ」とポジティブに持ち上げ、プラスの可能性に着目して応援し、成長や発展の機会を作るのは「1対1で関わる相手」になるでしょう。10ハウスなら職業など公的な場面から、11ハウスなら友人から……と読めます。

　これら、サイン・ハウスの補足情報は、一度にすべてを取り入れて1つの文章を作ろうとすると情報量が膨大になり、かえって意味がわかりづらくなることがあります。そのため、サインとハウスの情報を全部読まなければいけない、というわけではありません。

　実際のセッションでも、アスペクトを形成する2つの惑星のサインは読まずに「エレメントの対比だけ」にとどめたり、あるいは「ハウスだけ」で十分だと感じることは案外あります。必要に応じてその都度情報を補足すればいいでしょう。

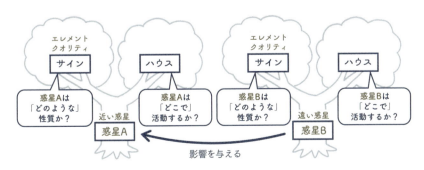

ここで、アスペクト解釈の**優先順位**を整理しておこう!

注目ポイントの流れ（①→②→③→④）

優先度 高 ↕ 優先度 低

① 惑星の組み合わせ

❶ 太陽・月・チャートルーラー（後述）を含む組み合わせ

❷ 水星・金星・火星を含む組み合わせ

❸ 木星・土星を含む組み合わせ

❹ 天王星・海王星・冥王星・月のノード・カイロンを含む組み合わせ

❺ その他の小惑星、感受点を含む組み合わせ

POINT
解釈の中心になる太陽・月・チャートルーラーに対するアスペクトは真っ先に読もう!

② アスペクトの種類

❶ コンジャンクション

❷ ハードアスペクト
オポジション
スクエア

❸ ソフトアスペクト
トライン
セクスタイル

❹ クィンカンクス

POINT
ハードアスペクトで結びつく惑星の影響は過剰さを伴うので、それが際立った個性として表れる。ソフトアスペクトで結びつく惑星の影響は、調和的で穏やかであるゆえに目立った特徴になりにくい。

補足情報	惑星のサイン 》	「どのような」性質か（エレメント・クオリティに注目）
	惑星のハウス 》	「どこで」活動するか「どこから」影響がもたらされるか

③ アスペクトの誤差

❶正確な
目安：誤差 0 ～ 2 度
「結びつきが強い」

❷普通
目安：誤差 3 ～ 5 度
「機能している」

❸ゆるい
目安：誤差 6 ～ 8 度
「結びつきが弱い」
「ソフトアスペクトなら
後回し or スルー」

POINT
ソフトアスペクトでも
アスペクトの誤差が
小さければ
優先順位が上がる。

④ 惑星のサインの関係性

❶典型的なサイン同士の
アスペクト

❷アウト・オブ・サイン
のアスペクト

惑星がサインの端にある場合、イレギュラーなサイン同士でアスペクトが形成されることがある。（例：獅子座の終盤と射手座の初期に惑星があり、火のエレメント同士でスクエアなど）。それをアウト・オブ・サインのアスペクトと言う。典型的なサインにあるアスペクト（例：獅子座と牡牛座の惑星がスクエア）に比べて、結びつきやその影響は弱くなる。つまり、読む優先順位は低くなる。

スクエア
（アウト・オブ・サイン）

優先度 高

優先度 低

第2章　本質を見つけ出すアスペクト

まとめ

アスペクトは全部読む必要はない。優先順位の高い重要なアスペクトは見落とさないように注意して強調して読み、優先順位の低いアスペクトはひとまず脇に置く。ただし、ホロスコープの他の部分との関係によってアスペクトの働きは変化することがあるので、全体を見ることが大切。例えば、誤差が大きいソフトアスペクトの優先順位は低い。しかし、それが太陽と結びつく唯一のアスペクトであれば、その太陽を説明するための唯一の材料になるため重要度は上がる。

3つの惑星が絡む複合アスペクト

　ホロスコープ上では、アスペクトの線をよく見ると、三角形や四角形など幾何学的な図形ができており、「グランドトライン」「グランドクロス」など、ちょっと心が躍るかっこいい名前がついています。これが複合アスペクトです。

　アスペクトの基本は２つの惑星の組み合わせですが、３つ以上の惑星が連携して、相乗効果が生まれ何らかの特別な性質を帯びることがあります。

　複合アスペクトはその人の個性の際立った部分を表現する一因になるので、成立している場合は注目してみましょう。ただし、ポイントを絞って読まないと情報量が膨大になるので注意が必要です。

★ソフトアスペクトによる複合アスペクトの代表例

グランドトライン

３つの惑星がお互いにトライン（120度）の位置にあり、正三角形が描かれる形。この中で最も近い惑星は、他の２つの惑星から特定のエレメントに関連した手厚いサポートを受けているかのよう。

★ハードアスペクトによる複合アスペクトの代表例

Tスクエア

オポジション（180度）を作る２つの惑星と、その両方にスクエア（90度）を作る惑星による直角二等辺三角形。AはBとCの２つの異なる視点が強く意識され行動の変化や転換を強く求められる。現状に安住できない緊張感があるが、否定や指摘に対処することが、大きな変化に結びつく。

複合アスペクトの構成要素は「10個の惑星」に限定する

　複合アスペクトを読むうえでのポイントは、まずは基本の10個の惑星に絞ること。ホロスコープ作成サイトのアスペクトの線の表示は、アセンダントやMC、月のノード、カイロン、その他の小惑星なども含まれる場合がありますが、優先度は高くありません。

　もし、それらを含めて読むとすれば、誤差が非常に小さいか、（ある個人天体にとって）それが唯一のアスペクトである場合などに限定したほうがいいでしょう。

　どんな感受点でもいいから、Tスクエアやグランドトラインといった複合アスペクトの「形（線）」さえあれば特別な意味が生じる、というわけではありません。

　複合アスペクトに限らず言えることですが、10個の惑星以外の感受点は、基本的には「オプション」と考えましょう。食べ物にたとえると、お皿の真ん中にあるメインの料理が10個の惑星、パセリなどの彩りや風味を添える食材がマイナーな感受点です。一生懸命にパセリの食レポをしても、あまり意味がないですよね。

複合アスペクトに含まれる個人天体に注目する

特に複合アスペクトは、特徴的なその形（線）に目が行きがちですが、最も大切な情報は惑星の組み合わせです。

つまり、近い側の個人天体を「主体」と考え、それに対してアスペクトを作る、より遠い側の惑星が影響を与える、という考え方です。

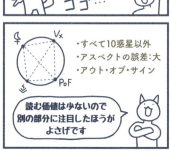

複合アスペクトの中にある個人天体は、全体の影響を受け止め、それらを引き連れて、実際の具体的な行動を起こす役割を担う、と考えてみましょう。

太陽が含まれているならば、その複合アスペクトは人生の目的、意欲的で輝かしい自分などに関連した特徴として機能しています。月ならば、その複合アスペクトは私生活、自然体でありのままの自分などに関連した特徴として機能しているでしょう。

また、複合アスペクトの中で、誤差の大きいアスペクトの部分は結びつきが弱く、影響も弱いので、そこは補足的に読みましょう。アウト・オブ・サインのアスペクト（P83参照）も同様です。アスペクトの誤差が小さいもの以外はひとまずアスペクトパターンから除外して読んでみましょう。

ステリウム

成立要件
3つ以上の惑星が コンジャンクション

意　味
3つ以上の惑星が1つの塊となって作用する。そこに含まれる個人天体が実際的に行動の担い手になる。また、惑星が集中しているサイン・ハウスの重要性が強調される。

惑星のエレメント
基本的にすべて同じ

惑星のクオリティ
基本的にすべて同じ

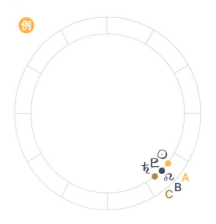

リーディング例

太陽、土星、冥王星
（すべて獅子座）

土星と冥王星はギリギリの危機を乗り切る不屈の精神です。しばしば重いプレッシャーに晒されますが、厳しい状況を想定して厳重に備えます。獅子座の太陽がそれらとコンジャンクションです。そのため、過酷な環境や難題に立ち向かうことに緊張しながらも、偉業を成し遂げた唯一の存在になることを目指します。

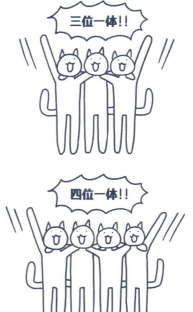

第2章　本質を見つけ出すアスペクト

Tスクエア

成立要件
オポジションを作る2つの惑星と、その両方にスクエアを作る惑星によって直角二等辺三角形が描かれる形

意　味
ハードアスペクトのみで形成されるので、異なるエレメントへの視点が強く意識され、行動の変化や転換を強く求められる。現状に安住できない緊張感があるが、否定や指摘に対処していくことが、大きな変化や成長に結びつく。

惑星のエレメント
各種

惑星のクオリティ
基本的にすべて同じ

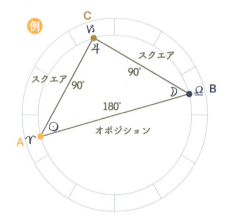

Tスクエアのポイント❶　3つの惑星の関係性

- 「惑星ABのペア」と「惑星C」の組み合わせ、とイメージしてください。Aは常にBを意識しており、Bからの要望を無視できない緊張感があります。AとBは常にキャッチボールをしているような関係。その2人に対して、Cが不意に横やりを入れる関係性。
- ABのペアが「オン」のモードの時は、Cは「オフ」の状態。反対に、Cが「オン」の時は、ABのペアは「オフ」。つまり、ABのオポジションと、Cのスクエアが交互に切り替わるということです。

強調されるクオリティ

・Tスクエアは、基本的に同じクオリティに位置する惑星で形成されるため、そのクオリティがホロスコープ上で強調されることに。

活動宮のTスクエア

即断即決の多忙な人。ゴールに向かって突き進む途中で、次々に横からツッコミが入るも、立ち止まらずに走りながら素早くレスポンスします。そのうちにまた別の角度からツッコミが入って即レス、という繰り返し。熟考する気も暇もあまりないので、多少の詰めの甘さや粗さがあるでしょう。しかし、スピードと行動回数の勢いがすごいため、全体としては大した問題にはならないことが多いです。

※この中のいずれか3つ

不動宮のTスクエア

あらゆる想定外を事前に想定し「全方位OK」の完璧なルートや型が確立できるまで熟考します。着手した計画はこだわりを持って長続きさせるでしょう。変更は認めず、調整もしない。周囲は「要石」のように頼りにするか、根負けして折れることに。状況が変わって不都合が生じ始めても、我慢強くギリギリまで同じ方法を貫くはず。その分、稀にある方向転換の時は大仕事になります。

柔軟宮のTスクエア

※この中のいずれか3つ

柔軟性が高く、周囲の人たちすべての要望に応えようとする人。その結果、スケジュールも要望の内容も、どんどん細かくなっていきます。状況の台風に巻き込まれて翻弄されながらも、素早く適応。考慮すべきことが多すぎて、自分の都合は後回しにしがちですが「ご自由にどうぞ」と言われても戸惑う傾向。必然性のある周囲の流れの中に自分の意向をすかさず紛れ込ませるでしょう。

グランドトライン

成立要件
3つの惑星が互いにトラインを作り、正三角形が描かれる

意　味
主体となる惑星は、他の2つの惑星から常に期待した通りの手厚いサポートを受けており、衝撃が緩和され、安全が確保されている。問題が起こってもすぐに自動修復されるかのよう。特定のエレメントが豊富に安定的に供給され続けているが、同時にその恵まれた環境に安住し、お決まりのパターンに終始しがちな面も。

惑星のエレメント
基本的に同じ

惑星のクオリティ
基本的に活動・不動・柔軟

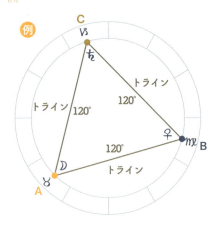

グランドトラインのポイント
グランドトラインは、基本的に同じエレメントに位置する惑星で構成されるため、主体の惑星に対してそのエレメントに関連した保護や恩恵がもたらされます。

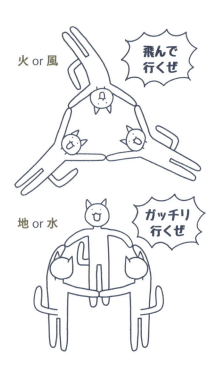

火のグランドトライン

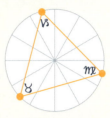

「元気があれば何でもできる」のようなシンプルな精神論が根底にあります。元気なハイテンションの上昇気流によって、常に押し上げられているかのよう。それは美しい抽象論や新しいアイデアの発想、あるいは挑戦を助けることに。しかし、せっかくの明るく楽しい気分に水を差されることが嫌なので、細かい検証や反対意見はあえてスルーする傾向が。

地のグランドトライン

「契約農家が作物を育て、自社工場で商品化し、流通させるPB商品」のような、周囲の状況に左右されない、独自の安定供給体制が確立されています。ただ、手の届く範囲内で自己完結しているために、リスクもコストも大きい他所の畑に目を向ける必要性を感じません。その結果、同じ生産ラインを保守する無難なパターンが続き、1人で業務を抱え込む傾向が。

風のグランドトライン

情報リテラシーが高い人。複数の情報ソースを比較検討し、その信憑性や質の良し悪しを冷静に見極めます。周囲の人よりも一段高い所から、空気やトレンドを読み、誰に何をどう伝えれば効果的か? を察することができるタイプ。一方、コミットすることが苦手。何かを決断し、結果を約束してしまうと、視野と選択肢が狭まって不自由になるからです。

水のグランドトライン

家族や仲間、チーム、ファンの人々が脇を固めます。自分に信頼を寄せ、共感し、保護し、力を貸してくれる同属性の人々のサポートが簡単に得られるタイプ。そこは居心地がよく安全ですが、その人たちの気分を害することを恐れたり、よそ者や反対意見を拒む排他性も。多くのファンを魅了する作家やミュージシャン、宗教家の出生図にも見られる配置。

第2章 本質を見つけ出すアスペクト

グランドクロス

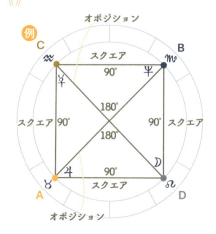

成立要件
4つの惑星が互いにスクエア、対向する惑星がオポジションを作り正方形と十字が描かれる

意味
「ABのペア」と「CDのペア」は対照的なエレメントなので、相容れずお互いに牽制し合っている。相手側のペアの鋭い視点を意識しつつ「ABのペア」と「CDのペア」が交互に切り替わる。

惑星のエレメント
基本的に火・地・風・水

惑星のクオリティ
基本的に同じ

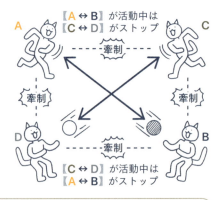

リーディング例
牡牛座の木星、獅子座の月、蠍座の海王星、水瓶座の水星

牡牛座の木星と蠍座の海王星のオポジションは、価値を認められた理想的なよいものを世に広め、同時にそれを残すというプロジェクトを意味します。具体的な場所を作り、商品やサービスとして実際に提供することです。獅子座の月と水瓶座の水星のオポジションは、プロジェクトの理念が一般人の隅々にまで届くように、熱意を込めて発信し続けること。不動宮なので長期計画です。

メディエーション

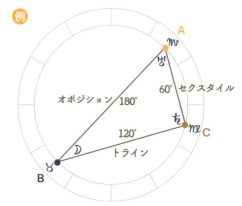

成立要件
オポジションを作る
ABそれぞれに対して
Cがトライン・セクスタイルを
作り、三角形が描かれる

意　味
別名「調停」のアスペクト。緊張感を伴って向き合うAとBの双方に対してCが間に入り、衝撃と緊張を緩和させる役割を担う。その結果、AとBの関わりがスムーズになる。Cは同じエレメントのBに対して安全で自然な支援（トライン）をし、Aに対しては活気と相乗効果（セクスタイル）をもたらす。

惑星のエレメント
基本的に火と風／水と地

惑星のクオリティ
様々

リーディング例

牡牛座の月、乙女座の土星、蠍座の天王星

　牡牛座の月と蠍座の天王星のオポジションは、安心と快適さのために自由を確保したい欲求です。満員電車には乗りたくない、残業はしたくないなど。その2つに乙女座の土星がソフトアスペクトを作るので、自由の衝動が穏やかに抑制されています。そのため、縛られたくないが、責任を果たすため、職場の実務的なルールは守ります。そのような現実社会の責任を果たすために歩み寄ることで、生来の突発的な自由気ままさが訓練され、信用を得やすくなります。

マイナーグランドトライン

成立要件
Aに対して BとCがセクスタイル、 BとCはトラインを作り、 二等辺三角形が描かれる

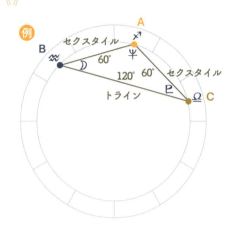

意　味

別名「小三角」。グランドトラインに似て全体として調和的な組み合わせ。しかし、異なるエレメントが加わるために単調なパターンの繰り返しにはならず、工夫や努力の必要性が生まれ、盛り上がりや相乗効果が生まれる。火と風は「熱意や創造性」と「情報と外交的な連携」、地と水は「技術やセンス、お金」と「共感とチームの結束」。

惑星のエレメント
火と風／地と水

惑星のクオリティ
様々

リーディング例

天秤座の冥王星、射手座の海王星、水瓶座の月

　冷静で俯瞰的な視点を持つ水瓶座の月に対して、天秤座の冥王星はここぞ！　という場面で動じない度胸や、決断力と実行力を与えます。正しい情報と協力によって復活し、生き延びるのです。射手座の海王星は理想と可能性を思い描かせ、わくわくさせます。「考えているだけでは始まらないし、面白そうだからとりあえずみんなでやってみよう！」という熱意や楽観性が行動を促します。

ヨッド

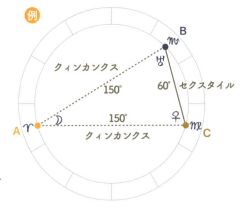

成立要件
セクスタイルのBCの両方に対してAがクィンカンクスを作り、二等辺三角形が描かれる

意　味

別名「神の指」。BとCが調和的な協力関係を築いているが、Aはそれらとの共通点を持たず、かつ、お互いが見えにくい場所にある。そのため、AはBとCの共通の目的のために特有の調整や訓練を余儀なくされ、結果的にAは限定された分野や方向性に活動が絞られる。あるいは、Aに対するBとCの影響自体が自覚されないという場合もある。

惑星のエレメント
基本的に火と風＋地か水 基本的に地と水＋火か風

惑星のクオリティ
様々

リーディング例

牡羊座の月、乙女座の金星、蠍座の天王星

　乙女座の金星と蠍座の天王星のセクスタイルは、周囲の人とは違った独自の感性。科学的な分析や几帳面な分類が伴う趣味、あるいは映像や音楽の編集です。それらに対して牡羊座の月がクィンカンクスを形成するため、牡羊座の本能的な自由奔放さが抑制されます。この配置を持つ宮沢賢治はただ野山を歩くのではなく、そこで拾った鉱物を収集し、標本を作り研究することを日常的な習慣としていました。

カイト

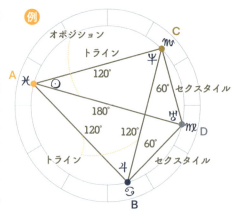

成立要件
グランドトラインを作る
ABCのどれか1つに対して
オポジションを作るDがある

意味
グランドトラインにより、特定のエレメントが豊富に安定的に供給されているが、その一端のオポジションが現状のまま安住できない緊張感をもたらす。その結果、豊富なリソースを保有しつつ、目標に向かって思い切りのよい働きかけが生じる。それにより閉塞感が打開される。発射口付きの満杯の貯蔵タンクのよう。

惑星のエレメント
基本的に火と風／地と水

惑星のクオリティ
オポジションの天体は
基本的に同じ

リーディング例

蟹座の木星、乙女座の天王星、蠍座の海王星、魚座の太陽

太陽に対する蟹座の木星のトラインは仲間やファンによる温かく力強い応援です。そこに海王星が加わり水のグランドトラインになることで、集団のスケールが果てしなく広がります。時代が求める理想の担い手です。太陽は乙女座の天王星とオポジションなので、独創的な想像の世界を緻密に作り込まなければいけません。木星の保護と海王星の想像力がその緊張を緩和します。

第 *3* 章

ホロスコープ解読の
フローチャート

基本&悩み別の
リーディング
手順

1＆2章はホロスコープの材料の説明、3章は
その組み合わせ方と実際の読み方です。注目ポ
イントと優先順位、情報のまとめ方を整理した
フローチャートとリーディング実例を紹介。

リーディングの正確さは「優先順位」で決まる！

　ここまでは「惑星・サイン・ハウス・アスペクト」という、ホロスコープの各構成要素について解説してきました。次はそれらをどう組み合わせていくか、という実際的なリーディングの手順です。

　どんなホロスコープでも、どんな相談内容でも、共通して「ここは絶対に外せない」「この配置やパターンは強調して読むべし！」という注目ポイントがいくつかあります。反対に、共通して「ここは全体にとってそれほど重要ではない」「むしろ、潔くスルーしたほうがよい」というポイントもあります。

　よいリーディングの基本は、自分や占う相手が「当たっている！」と感じる重要な要素をピックアップすること。さらに言えば当たっているのかわかりにくい補足的な要素は（質問内容に関係する場合は除き）取り上げないことです。占星術の学習を始めたばかりの方は、そういった情報の見極めが難しく、ホロスコープに含まれた情報を細かく全部読もうとする傾向があります。すると情報の「幹」と「枝葉」を同列に扱うことになります。あまり重要ではない情報を細かく深掘りした結果「当たっていない」「意味不明」となりがち。そうならないためには、優先順位の見極めが大切です。

　では、まず何に注目するのか。それは惑星の種類です。

僕は10個の惑星の中で「チャートルーラー、太陽、月」の３つ
を主役とみなしています。3本の「太い幹」であり、基本的にどん
な質問の時にも重要なヒントをもたらしてくれます。

　それら３つの惑星のサイン、ハウス、アスペクトは、幹につなが
る「枝葉」であり、そこからより詳細な情報を得ることができます。
太陽とアスペクトを作る複数の惑星があれば、それらすべてが「太
陽に関する情報のまとまり」とみなせます。同様に「月に関する情
報のまとまり」「チャートルーラーに関する情報のまとまり」を作る
ことで、情報が断片的でバラバラになることを防げます。

　チャートルーラーは自分の基本姿勢や行動パターンを表すので重
要です。目的に向かう輝かしい太陽と、のんびりくつろぐ私的な習
慣の月は、公私の対比として読みます。

「太陽、月、チャートルーラー」を読み終えたら、同じ要領で次は
個人天体（水星、金星、火星）を「幹」として読み解いていきます。

　個人天体は（チャートルーラーではない）木星や土星、あるいは
天王星、海王星、冥王星と比べて実感が伴いやすいので、優先順位
が高いです。各惑星のサイン、ハウス、アスペクトは「水星、金星、
火星に関する情報のまとまり」とみなします。ここまで来ると、ホ
ロスコープ上のほとんどの惑星の情報を網羅できるはずです。

　次のページに、一連の流れをフローチャート形式でまとめました。
アスペクトの種類や誤差に伴う優先順位などについても、改めて整
理しましたので参考にしてみてください。

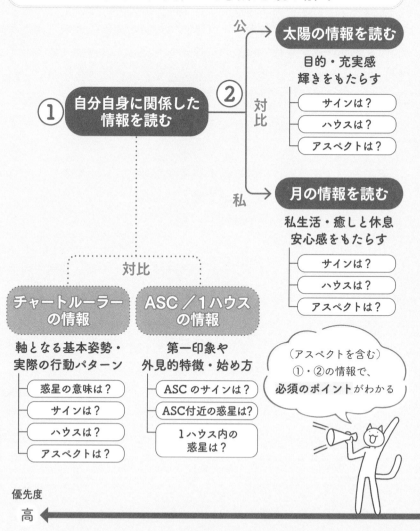

ざっくりと特徴をつかむコツ

惑星のエレメントとクオリティの配分
- 火／地／風／水
- 活動宮／不動宮／柔軟宮

惑星のハウスの配分
- 上半分／下半分
- 右半分／左半分

※惑星（特に7つの惑星）が多く配分された箇所は強調されるが、チャートルーラー・太陽・月を含むものは配分が1つでも重要。

アスペクトの優先順位のおさらい 〔共通〕

優先度	アスペクト	誤差
高	コンジャンクション／オポジション・スクエア／トライン・セクスタイル／クィンカンクス	誤差が小さい
低		誤差が大きい／アウト・オブ・サイン

補足的な要素を読み解く

③ 個人天体（水星・金星・火星）の情報を読む
- サインは？
- ハウスは？
- アスペクトは？

④ 社会天体（木星・土星）の情報を読む
- サインは？
- ハウスは？
- アスペクトは？

⑤ 天王星、海王星、冥王星、小惑星、月のノード他の情報を読む
- サインは？
- ハウスは？
- アスペクトは？

③・④・⑤の惑星　重要度が上がる場合
- チャートルーラーである場合
- アングル（ASC、DSC、MC、IC）とコンジャンクション
- 誤差の小さい（目安：0～2度未満）アスペクトがある
- エッセンシャル・ディグニティが高い

トランスサタニアンは個人天体など近い惑星とのアスペクトとセットで読むとよい。月のノードや小惑星は優先順位が低いが、アングル付近にある場合や、チャートルーラー、太陽、月、個人天体と目立ったアスペクトがある場合は優先順位が上がる。

優先度 低

第3章　基本&悩み別のリーディング手順

ホロスコープの情報の要点を書き出す

　特に初心者のうちは、ホロスコープの視覚的な情報に惑わされやすい傾向があります。例えば、アスペクトの「線」が多いとそれだけで圧倒されて、そもそもアスペクトを読む気が失せてしまったり、あるいは「ハードアスペクトが多いからしんどそうですね」と、非常にアバウトな解釈になったり。また、特定のサインやハウスに惑星が「集合している」という情報に終始する場合もあります。

　他には、部分的な情報にとらわれる傾向もあります。自分がよく知っているサインの情報をとても強調して説明したり、ネットで見つけたキャッチーな断片的な解釈（「金星が〇ハウスにある人は××だ」のような）を引き合いに出すなどです。

　そのデメリットは、情報の見落としが生じることです。その箇所以外に、もっと重要な、相手の個性をより強く表現している情報があるなら、そちらを優先したほうが「当たる」よいリーディングになるでしょう。

　そのような見落としと視野の狭さを解消するためには、ホロスコープを読み始める前の準備として、大事な情報を書き出すことが有効です。次のページにそのための記入式のフォーマットを用意しました。これは僕の講座で使用したものがベースになっています。

　俯瞰的に要点を整理し、そのうえで基本のフローチャートに沿って読み進めることで、より正確なリーディングに近づけるはずです。

その人の特徴を
ざっくりつかむための情報

① 惑星のエレメントとクオリティの配分

※サイン記号の横の空欄に、該当する惑星記号、（　）内にエレメントやクオリティの数を記入しましょう。

		クオリティ		
		活動宮（　）	不動宮（　）	柔軟宮（　）
エレメント	火（　）	♈	♌	♐
	地（　）	♑	♉	♍
	風（　）	♎	♒	♊
	水（　）	♋	♏	♓

火のエレメントが強調された人
大胆で能動的。自主性が強く独立的。可能性を重視。熱意、向上心、創造性。

地のエレメントが強調された人
堅実で現実的。地に足がつき現実的。経験やデータを重視。具体化、実用性。

風のエレメントが強調された人
ロジカルで客観的。広い視野、情報のバランス。意思疎通を重視。外交的連携。

水のエレメントが強調された人
情緒的で共感的。親密な心のつながりや一体感。仲間意識や内部の結束を重視。

活動宮が強調された人
素早い判断と行動、決断力。スピードとテンポの良さ。停滞や単調さを嫌う。

不動宮が強調された人
準備や判断に時間をかける。着手やレスが遅いが持久力がある。変化に抵抗。

柔軟宮が強調された人
変化に適応し、流れを上手に利用する。臨機応変。受け身で決断が苦手。

> チャートルーラー・太陽・月がある場所は、配分が少なくとも重要度は高い

② 惑星のハウスの配分

東半球に多い
自主的・能動的。自分の意志と判断において物事を進める。

西半球に多い
協調的・受動的。関係者の意見や自他のバランスを重視。

南半球に多い
公的・外的。結果を重視し、目に見える成功や評価を求める。

北半球に多い
私的・内的。個人的な動機や環境、基盤作りを重視。

フローチャートを
正確に活用するための書き出し要素

③ 自分自身に関連する情報

ASC のサイン…[   ]　　1 ハウス内にある惑星…[   ]

チャートルーラー（ASC のルーラー）…[   ]

├ サイン…………[   ]　　ASC の
│　　　　　　　　　　　　　　　前後5度以内の惑星…[   ]
├ ハウス…………[   ]

└ アスペクト

		近い惑星	遠い惑星	アスペクトの誤差
1	0度／180度・90度／120度・60度／150度			
2	0度／180度・90度／120度・60度／150度			
3	0度／180度・90度／120度・60度／150度			
4	0度／180度・90度／120度・60度／150度			
5	0度／180度・90度／120度・60度／150度			

④ 太陽と月に関する情報

太陽

├ サイン…[   ]

├ ハウス…[   ]

└ アスペクト

		近い惑星	遠い惑星	誤差
1	0度／180度・90度／120度・60度／150度			
2	0度／180度・90度／120度・60度／150度			
3	0度／180度・90度／120度・60度／150度			
4	0度／180度・90度／120度・60度／150度			
5	0度／180度・90度／120度・60度／150度			

月

├ サイン…[   ]

├ ハウス…[   ]

└ アスペクト

		近い惑星	遠い惑星	誤差
1	0度／180度・90度／120度・60度／150度	月		
2	0度／180度・90度／120度・60度／150度	月		
3	0度／180度・90度／120度・60度／150度	月		
4	0度／180度・90度／120度・60度／150度	月		
5	0度／180度・90度／120度・60度／150度	月		

⑤ アングル関連の惑星

アングルの前後5度以内の惑星

- ASC……… ① に記載
- DSC………
- MC…………
- I C…………

例 MCが牡羊座10度で、
木星が牡羊座13度の場合

MC………… 木星

アングルのサインのルーラー

- ASC……… ③ に記載
- DSC………
- MC…………
- I C…………

例 ICが双子座の場合

I C…………… 水星

⑥ チャートルーラー・太陽・月以外の 重要なアスペクト

※目安として誤差0〜2度程度のアスペクトを書き出してみましょう。

		近い惑星	遠い惑星	アスペクトの誤差
1	0度／180度・90度／120度・60度／150度			
2	0度／180度・90度／120度・60度／150度			
3	0度／180度・90度／120度・60度／150度			
4	0度／180度・90度／120度・60度／150度			
5	0度／180度・90度／120度・60度／150度			

ノーアスペクトの惑星……

**10個の惑星のみで
形成された複合アスペクト**………

例 太陽・木星・天王星の
グランドトライン

─── ルーラー早見一覧表 ───

牡羊座……火星	獅子座……太陽	射手座……木星
牡牛座……金星	乙女座……水星	山羊座……土星
双子座……水星	天秤座……金星	水瓶座……土星（天王星）
蟹　座……月	蠍　座……火星（冥王星）	魚　座……木星（海王星）

第3章 基本&悩み別のリーディング手順

逆引き 質問ごとの解釈のヒント

　　占いたいことが具体的であれば、リーディングのチェックポイントもより明確になります。下記は一例ですが、リーディングの参考にしてみてください。

得意分野、自分らしい行動、強み
→1ハウス、チャートルーラー
→強調されているエレメントや
　クオリティ

不得意なこと、弱点、
重視していないこと
→配分が少ないエレメント、
　クオリティ

ライフワーク、充実感や達成感、
モチベーションにつながること
→太陽

リフレッシュや癒しのポイント
(満たせないとストレス)
→月

興味、関心を抱く分野や特徴
→水星

コミュニケーションのスタイル
考え方、話し方
→水星

喜びや楽しさを感じること
好きなこと、楽しめること
→金星

怒りを感じること、イライラしたり
強く主張しがちなこと
→火星

保護やサポートがあり
大きく発展しやすいこと、
楽観視して信頼していること
→木星

課題、苦手意識があること
深刻に捉えがちなこと
→土星

注意が必要なこと
→火星を含むハードアスペクト
　(攻撃しがち・されがち、性急
　荒っぽい、高圧的な傾向)
→土星を含むハードアスペクト
　(抑圧しがち・されがち、重い責任
　警戒心、緊張、慎重さ)

病気、不調の傾向、健康法
→6ハウス

体質、体格、生命力
→1ハウス

適職、求められやすい役割
→10ハウス
　(職業ジャンル、肩書き、役割)
→MCのルーラー(仕事の内容)

ルーティンワークの特徴、
実務の内容、職場環境
→6ハウス

上司・目上の人との関係性
→10ハウス

収支の傾向
→2ハウス（お金の使い方と稼ぎ方）
→2ハウスのルーラー
　（お金の使い道、収入を得ることや
　　才能の発揮に関連する分野）

パートナーのお金、共有財産の特徴
→8ハウス

借金、税金、遺産など
（相手を通して失う／得るお金）
→8ハウス

対人関係における基本姿勢
→7ハウス

パートナーの特徴
→7ハウス（属性、性質）
→ディセンダントのルーラー
　（実際の具体的な行動）

パートナーとの関係性が
できやすい場面、事柄
→ディセンダントのルーラーのハウス

自分とパートナーの関係性
→チャートルーラーと
　ディセンダントのルーラーとの関係性

恋愛感情の持ち方や特徴
→5ハウス

自分と親や家との関係性
→チャートルーラーと
　ICのルーラーとの関係性
　（惑星の種類やサイン、
　　相互のアスペクト）

妊娠、出産、子育てなど、
子供に関することの特徴
→5ハウス

第3章　基本&悩み別のリーディング手順

運勢や未来予測など、具体的な時期に関することは**トランジットやプログレス、相性はシナストリーの領域**になるよ（P22−23参照）

　このように、個別的な内容によって注目するポイントも変わります。次のページからは、特に占うことの多い、5つのケースを実例でリーディング！

・自己肯定感に関すること
・仕事観・天職に関すること
・恋愛・パートナー観に関すること
・お金に関すること
・進路決定に関すること

悩み別のフローチャート例＆実例 1

自己肯定感の高め方について

　これは質問内容を言い換えると、「自信を持つことを難しく感じる。自信を持ちたい」ということです。自分に厳しくなりがちな部分を探すところからスタートしましょう。

下準備　　エレメントの配分

その人の性質を大まかに把握する。

↓

① チャートルーラーを読む

その人自身の特徴を理解して、
自己肯定感につながる要素を見つける。

- 惑星の意味は？
- サインは？
- ハウスは？
- アスペクトは？

↓

② 太陽を読む

その人の価値を高める行動や達成感など、
「自己肯定の高め方」について考える。

- サインは？
- ハウスは？
- アスペクトは？

↓

③ 土星を読む

自己肯定感のアンチテーゼとなる、
「苦手意識」を表す土星にヒントがある。

- サインは？
- ハウスは？
- アスペクトは？

↓

④ その他の特徴を読む

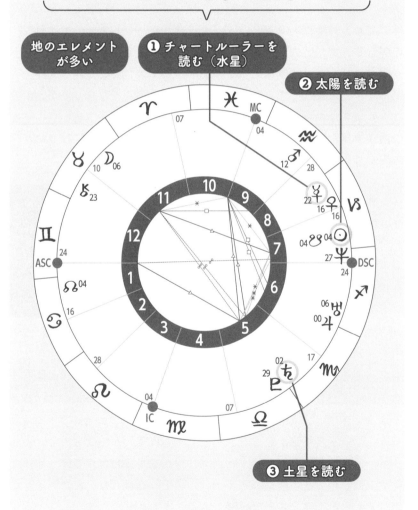

まずは惑星配分をチェック
地のエレメントが多い

竹内 Aさんは教育系のお仕事に携わってこられたのですね。

Aさん はい。今回は、自己肯定感の高め方や特に職場での人との関わり方について、自分がどうすべきなのかを知りたいです。

竹内 自己肯定感ですね。それなら、まずはホロスコープ全体の傾向を見た後、太陽を重点的に読んでみましょう。太陽は目指したい、誇らしい輝かしい自分の姿に関係するので。惑星の配分ですが、地のエレメントがとても強調されていますね。チャートルーラー・太陽・月のすべてが地のエレメントです。ドライの性質（参考P37）を持つこれらのエレメントは、個人主義的な面があり、情緒的なつながりをあまり信用できない傾向があります。自分でコントロールできないので。そのため、Aさんはそういった不確かなことよりも、目に見えるもの、例えば実績や数値化できる能力などを通して人の役に立つことで、自己肯定感を高め、その結果とし

て人とのつながりができあがっていくというのが、エレメントの配分からわかるAさんの特徴です。

Aさん 確かに、きちんとしたデータや過去の経験とかがあったほうが話はしやすいですね。

竹内 僕もドライのエレメントが多いので共感できます。1人で抱え込んでしまうとか。山羊座は特に結果が出ていないと自分に価値がないのではないか？と厳しく考えがちです。

POINT

ピックアップしたポイントを二面的に読む。
地のエレメントが強調
＋：目に見えるものに価値を感じる／－：実績がないと価値がないと感じる

竹内 だから、自分に求める「これくらいやって当たり前」という、実績や作業のクオリティの基準が、他の人に比べると高めです。また、そのライン（以上／以下）が明確なので、少し届かなかっただけでも「もっと頑張らなければ」とストイックに考えすぎてしまう。

Aさん そうなんです……。

個々の要素をピックアップ
まずはチャートルーラー

竹内 どのようなテーマでもチャートルーラーは重要です。アセンダントが双子座なので、水星。この水星のサインやハウス、アスペクトが、Aさんの基本的な振る舞いや特徴に一番関係する惑星になります。

> ✅ **チェック**
>
> **Aさんのチャートルーラー**
> 惑星：水星
> サイン：山羊座
> ハウス：8ハウス

竹内 水星は情報を扱う惑星です。Aさんの水星は山羊座で、地のエレメントなので、情報を整理したりまとめたりするのが得意ではないでしょうか？ 無駄を省いて仕組み化して、運営していく能力が高い。山羊座は活動宮なので、整理したものを新しいコンテンツとして創り出していくこともできます。

竹内 水星が入っている8ハウスは、親密なギブ&テイクの関係や契約関係。地のエレメントなので、あまり情緒的ではなくオフィシャルな関係で、相手に必要なことを提供していくのが、得意だと言えます。

Aさん 確かに仕事の関係だと割り切っているほうが楽かも。

竹内 一方で、8ハウスというのは自分の自由が利きづらい場所で（参考P57）、相手の要望や条件などを過度に優先してしまう。自分の意見は控えて、相手に合わせようとする傾向があるのでは？ それが得意だからこそ、純粋な自分の価値を低く見てしまう可能性があります。チームの一員としての私の価値ではなく、「まっさらな私の価値って何だろう」って思い悩んでしまう。それが8ハウスの特徴であり、自己肯定感に関するモヤモヤにつながっていると思います。

Aさん 確かに、慎重に人と関わらないといけないという考えが染みついていて、それなのに、人の反応がないと不安で、自分への駄目出しをよくします。

皆が自分に厳しいわけではない 「地」以外の視点で心が楽に

竹内 では、自己肯定感を高めて人と関わるにはどうしたらいいか考えてみましょう。チャートルーラー（水星）を8ハウスに持つAさんに「1人でやったらいいじゃないか」と言っても、どうしたらいいかわからなくなってしまいます。やはり反応をくれる人の存在がカギ。ホロスコープの西側、特に7〜9ハウスに主要な惑星があるので人とのつながりを大切にする人です。だけど、地のエレメントが強調されているためにミスやクオリティの低さはNGだと考えてしまう。でも、それはAさんの目線であって、違う感覚を持っている人もいることに気づけると楽になると思います。

Aさんの価値は、目に見える実績や損得だけではありません。「Aさんがやってくれるからいいんだよ」と言われるような、人間性にも価値があると考えてみてはどうでしょうか。Aさんと話すといいアイデアが浮かぶとか、こういう過去があるから応援したいとか、決して数値化できない魅力ってありますよね。地のサインが多いと、実体のあるもの、実績やコストパフォーマンスがすべてと思いがちですが、それ以外の部分も含めた"総合力"が自分の価値です。

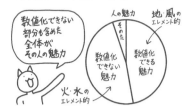

Aさん なるほど……！ 私は教育施設で〇〇長という、目に見える肩書があったからこそできている部分がありました。

竹内 その肩書が前に出ていて、パーソナルな素の部分を抑えていたのでしょうね。そこを出していけるといいかもしれません。

土星から人間関係の 苦手意識を読み解く

竹内 自己肯定感がテーマなので、反対の要素に注目してみます。土星は、その人が苦手だと感じる部分、不足がないように注意している部分。これを人間関係に当てはめて見てみましょう。

> ☑**チェック**
>
> **Aさんの土星**
> サイン：蠍座
> ハウス：5ハウス

竹内 土星は蠍座で水のエレメントなので、関係を築くとしたら共感や親密さがポイント。そこに対して、Aさんは高いハードルを感じています。信頼関係なんて簡単に築くことはできないと思っているし、愛情など不確かなものを信用していないかもしれない。この土星が、地のエレメントを重視しているAさんに拍車をかけて、自分自身も人間関係にも自信が持てないと感じさせているのでしょう。

Aさん 基本的に人を当てにしていないとこがあります……。

Aさんの人間性が表れる
いくつかのアスペクト

> ☑**チェック**
>
> **Aさんの月**
> サイン：牡牛座
> ハウス：11ハウス
> アスペクト：
> 土星・冥王星とオポジション

竹内 月は土星と冥王星の両方に対してオポジションで、土星のほうがより誤差が小さい。これが、もしもの事態を想定する緊張感、まじめさを表しています。何かあった時に対処できるように備えておきたい警戒心の強さが、Aさんの自然体である月と結びついています。考えすぎだと言われても、念のためやっておかないと……というタイプではないでしょうか。

Aさん まさに、そう思います。

竹内 太陽も土星とセクスタイルで、できあがった関係性を継続する責任感を表しています。

太陽から読み解く
自己肯定感と対人関係

竹内 そして、今回のテーマで特に重要なのが太陽です。

> ☑**チェック**
>
> **Aさんの太陽**
> サイン：山羊座
> ハウス：7ハウス
> アスペクト：
> 海王星・ドラゴンテイルと
> コンジャンクション

竹内 太陽が、社交の場である

7ハウスの入り口、ディセンダントに近いので、真剣に人と関わり、そこにやりがいを見出すタイプです。対人支援や相手との協力関係を通してよい結果が出せると自己肯定感が高まりそうです。太陽の近くには海王星があり、Aさんが関わる相手の特徴や人間関係の状況を表している惑星になります。

> **POINT**
> 太陽は公の自分や目的を表す。
> 7ハウスにある惑星は関わる相手の特徴を表す。

竹内 海王星なので、例えば理想を追求しすぎるタイプ。良くも悪くも現実離れしたアイデアを持っている人。それを実現するために、話を整理して具体的に何をすべきか提示できるのが、地のエレメントが強調されたAさんです。発想はすごいけど実状にフォーカスできていない人と協力しながら、具体的に物事を進めていくと、大きな手応えを得られそうですね。

ドラゴンテイルも太陽の近くにあり、Aさんが縁を作っていくキーになる配置です。地のエレメント的に何かをまとめることや、無駄を省いて整理することに関連した人や事柄との「縁」があります。しかし「もうすでに十分やってきた」という感覚があり慣れています。

キーマンになる
海王星＆木星的人物

竹内 関わる相手を示すディセンダントをもう少し掘り下げてみましょう。サインは射手座なのでルーラーは木星。なので、大らかでポジティブな元気をくれるような木星的な人物とも縁があると思います。海王星と太陽はコンジャンクションだけどサインが違うので、それぞれ違った価値観を持って一緒にいる。Aさんの意識や行動は地のエレメント寄りです。相手のことは一歩引いた目で見ている。あるいは混じらないイメージ。

竹内 「相手と私の世界は別」と考えているし、直接の反応が

見えにくい（山羊座と射手座はアバージョンの関係）。それが人づき合いを難しく感じる要因かもしれません。でも相手とのつながりは大切。やはり水のエレメント的人間味は重要です。

Aさんのホロスコープでは大きな意味を持つ月のノード

Aさん　特に初対面の人には警戒心が働いてしまって、厳しそうな人だなってオーラを出してしまうんですよね。以前、生徒から「Aさんもミスするんですね」と言われたことがあって。
竹内　それくらい間違いのない人だと思われていたんですね。
Aさん　そこで「安心しました」って言われて、そういうふうに見られていたんだって。
竹内　そこがまさに、水のエレメント的な共感ですね。
Aさん　確かに、ちょっとかわいいキャラクターのアイテムを持っているとか、素直に愚痴をこぼすとか、そういうところから距離が縮まった記憶があります。
竹内　そこもAさんの一部であり魅力。水のエレメントの人にとって、例えば失敗談なんて魅力でしかないんですよ。「私と一緒だな」って親近感が湧いて一気に距離が縮まる。Aさんにとってはそれが、1ハウス蟹座のドラゴンヘッド。ここの本心、素の個人的な部分を出していくことが、「目に見える成果がすべて」というパターンから脱却させ、その先の自己肯定感につなげていく大切なポイントです。
Aさん　はい、これから意識していきたいと思いました。
竹内　この蟹座要素は個人的エピソードみたいな、数値化できないもの。一見正反対で無駄を増やしているようなんだけど、実は無駄じゃない。それをいいと感じる人がいるという、俯瞰的な視点を持ちましょう。

Aさん　ありがとうございます。すごくしっくりきました！

Aさんのホロスコープ・リーディングをフローチャートで振り返る

海王星的な人物のアイデアを「**現実にする**」役割を担うことで自己肯定感は高まる。パーソナルな部分を出すことも重要。

下準備　エレメントの配分　　大まかな人物像

→「地と火（ドライ）のエレメントが多い」

ドライのエレメントは独立的で個人主義的な特徴。地のエレメントは目に見えるものに価値を感じる。逆に、実績がない、数値化できない、目に見えないものに懐疑的な面がある。

❶　チャートルーラーを読む　　自己の特徴、自分らしさ

惑星は？ →「水星」

Aさんの基本的な振る舞いや特徴に最も関係する惑星で、主に情報や知識を扱う。

サインは？ →「山羊座」

情報や知識を整理し、無駄を省いてフォーマット化（効率化）するのが得意。

ハウスは？ →「8ハウス」

親密な関係を求めるが、山羊座なので情緒的ではなく、オフィシャルな関係。制約があり、自分の意向を通しづらい相手に合わせすぎて、純粋な自分の価値を見落としがち。

アスペクトは？ →「カイロン（12ハウス）とトライン」

水星との唯一のメジャーアスペクトで誤差が小さいので、小惑星だが注目に値する。学習や言語化への躊躇。社会の痛みに共感し、裏方的な支援や癒しに貢献する力を持つ。

まとめ1 ドライだが、自分のことは二の次

チーム内で共有されたリソースを活用し、仕組みを作り、情報を効率的に提供して貢献をすることが得意。自分を二の次に考える性質は、自己肯定感の妨げになる場合も。

❷ 太陽を読む　自己肯定感につながるポイント

サインは？ →「山羊座」

チャートルーラーと同じ山羊座。結果を出し、それを効率的に積み重ねることがポイント。

ハウスは？ →「7ハウス」

相手と協力し合うことにやりがいを持つ。ポジティブな反応や結果を通して自分の価値を実感できる。

アスペクトは？① →「海王星とコンジャンクション」

想像力豊かな人物、理想追求型の人物あるいは海王星に関連した分野の人物との交流がある。その人の理想を叶えるための、現実的・実務的な部分の役割を果たすことを目指すとよい。

アスペクトは？② →「ドラゴンテイルとコンジャンクション」

相手を意識し、無駄を省いて成果を出すことの追求（7ハウス・山羊座）は慣れており「そこそこ」の評価にもつながるが、それだけでは手詰まりになる可能性。対向のドラゴンテイルのように個人的な心情を表に出す（1ハウス・蟹座）ことで、その状況を脱却できる。

まとめ2 理想主義な人とタッグを！　私的な部分の価値

海王星に関連した人物との協力関係における現実的サポートがカギ。しかし、目に見える成果を目指すだけでなく、一見関係のない私的な部分も出しつつ打ち解けた関係を作ることが大事。

❸ 土星を読む　アンチテーゼとなる「苦手意識」

サインは？ →「蠍座」

感情面のつながりや信用は目に見えないものなので、ハードルが高く感じてしまう傾向。信用を台無しにすることへの警戒心が強い。

ハウスは？ →「5ハウス」

ここには触れず、「月と太陽の両方にアスペクトがある」という情報に重きを置いた。

アスペクトは？ →「太陽とセクスタイル」他

関係性を維持する責任感ある自分を目指す。

まとめ3 感情的な交流への抵抗感

ドライエレメント（地・火）が多く、土星が水のエレメントにあることで、感情的な交流への苦手意識が強調される。自己完結の傾向が助長されやすい。

❹ その他の特徴を読む

→「月が土星・冥王星とオポジション」

非常時の危機的な状況に備えずにはいられない性質で、考えすぎてしまうタイプ。築き上げた関係を壊さないようにと、慎重になるタイプ。

悩み別のフローチャート例＆実例2

仕事観・天職について

　人生を大きく左右するテーマ。社会の中であなたがどんな役割を果たすのか。どのような才能を持ち、どのように発揮できるのか。ホロスコープではMCに関連した部分を重点的にチェックします。

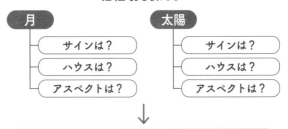

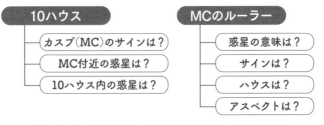

・MCのサインやMC付近の惑星は職業や役割の特徴を表す。
・MCルーラーは、より実際的で具体的な仕事内容を表す。

仕事観・働き方について知りたい
Bさん（30代・女性・占い師とアルバイトの兼業）の
ホロスコープをリーディング

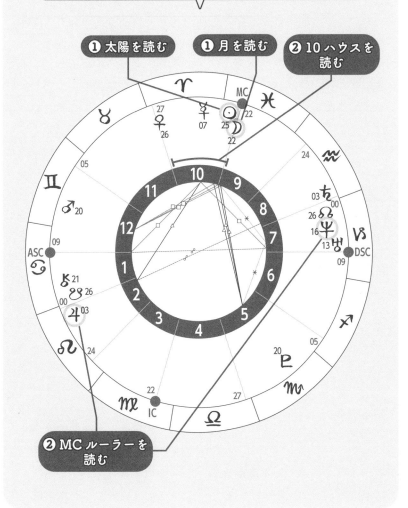

第3章 基本&悩み別のリーディング手順

月と太陽が示す
オフィシャルな立ち回り

Bさん フリーランスとして占いの仕事と、10年以上勤務するお菓子屋さんのアルバイト、二足のわらじで、収入的なバランスはいいものの、労働時間が一定ではなく、ワークライフバランスに悩んでいます。また、占いは主に鑑定ですが、講師業のような形ができないかなと。

竹内 お仕事関連は、MC／10ハウスが重要になります。

> ☑**チェック**
>
> **Bさんの仕事に関連した情報**
> **Bさんの10ハウス**
> カスプ（MC）のサイン：魚座
> MC付近の惑星：月・太陽
> ルーラー：木星（海王星）
> 10ハウス内の惑星：水星
> **BさんのMCのルーラー①**
> 惑星：木星
> サイン：獅子座
> ハウス：2ハウス
> アスペクト：
> 土星とオポジション
> 水星とトライン

竹内 仕事に関連する惑星が5つ。優先順位が高いのはMCにぴったり乗っている太陽と月、

それからルーラーのうち近いほうの惑星である木星です。MCが柔軟宮で、その付近にあるチャートルーラー（アセンダント蟹座）の月も太陽も柔軟宮なので「自分で計画して実行していく」のが苦手かもしれません。

Bさん そうですね（笑）。

竹内 お客さんが決めてくれる、社長や上司が決めてくれる……、方向を指し示してくれる人がいる環境がやりやすいでしょう。BさんはSNSで占い師を招く形でライブ配信されておられるそうですが、そのゲストがまさに道を指し示す太陽（権威や中心人物などを表す）です。Bさん自身（チャートルーラー）は、太陽を引き立てつつ、その脇にいる月。明確な目的や主張を持っている人の親しみある部分をBさんが引き出しつつ、引っ張ってもらう。1人で「これやります！」と宣言してやっていくのはちょっと気が引けるというか。お菓子屋さんのアルバイトも、占い師の講師業でも、コンセプトをはっきり持っている人がいることで、Bさんは具体的なことに目を向けられると思います。

Bさん　あ〜、よくわかります。

竹内　現代占星術ではあまり取り入れられない考え方ですが、太陽とのコンジャンクションは「コンバスト（燃焼）」と呼ばれ、陽光によって惑星の光がかき消されて弱体化するとされます。とはいえ、Bさんは月がMCと誤差１度以内の極めて正確なコンジャンクションなので、Bさん自身の存在感は決して隠れてはいないように見えます。接客を通じてお店が評判になるとか、「看板娘」のような感じではないでしょうか。

竹内　水の柔軟宮（魚座）は場に馴染むのが得意で、Bさんがいるから買いに来る、配信を見に来るという人が多いと思います。自身も、そのようなある種ちやほやされる環境が心地よいし、やりがいも感じるはずです。

Bさん　実は、実家の家業を手伝っている時、よく「看板娘」と常連さんに言っていただいて。アルバイトでも、勤めているお店の看板を背負うというか、ブランドを守らないと、という意識が勝手に働きます。

竹内　キャリアにおいては、方向性を示してくれるような「太陽的な存在」との関わりや環境が必要だと思います。そのブランドに同化することで、ある意味守られているのでしょうね。

MCルーラーの木星が示すBさんの仕事での強み

竹内　もう１つ、MCのサインのルーラーである木星は、Bさんが仕事で活躍するために、意識して強化するといい部分です。

☑チェック

Bさんの木星
サイン：獅子座
ハウス：２ハウス
アスペクト：
土星とオポジション
水星とトライン

竹内　木星は２ハウス獅子座なので、自分自身の経験やスキル（＝２ハウス）を増やしていくことが重要。己のポテンシャルを信じています。不動宮なので、

じっくりと忍耐強く取り組むことも得意です。10年以上、お菓子屋さんのアルバイトを続けておられるのもうなずけます。せっかく蓄積されたノウハウをリセットするのはもったいないし、慣れた同僚やお客さんとも離れがたい性格だと思います。

Bさん　本当にそうなんです。

竹内　違った能力を必要とする仕事に変えることは、Bさんにとっては一大事と言えます。

POINT
MCの付近にある惑星だけに気を取られると、太陽と月が柔軟宮なので、仕事を転々とすると読めてしまうが、ルーラーの木星も考慮することで、実際は、じっくり忍耐強く働く性質も見えてくる。当人の感覚とすり合わせてホロスコープを見ることも重要。

火星が示す注意点と冥王星的な解決策

竹内　MCの付近のチャートルーラーの月が火星とスクエアというのもポイントで、仕事上での注意点がうかがえます。

✅チェック
Bさんの火星
サイン：双子座
ハウス：12ハウス
アスペクト：
太陽・月とスクエア

竹内　これは、日常業務の中で、急な対応を迫られる役回りを示唆します。接客なら、いきなりクレーム対応を振られたり、急なシフト変更をお願いされたり。12ハウスにあるので、直接の原因や背景がわかりづらいことの対応が多いかもしれません。

Bさん　あ〜、仕事に限らずですが、日常的に「絡まれる」みたいなことは多い気がします。

竹内　火星のハードアスペクトは、体力や精神を消耗させる配置でもあります。でも非常にパワフルで、対応している時はハイになっていて、つい応じてしまう面がありそうです。

Bさん　すごくわかります。でも、どうしたらいいんでしょうか。

竹内　太陽・月とソフトアスペクトを取る、つまり応援する惑星を探すと答えに近づけます。となると、冥王星がトラインですね。「でも、死ぬわけじゃないし」と極端な事態を想定することで、目の前の出来事を大げさに捉えずに落ち着いて対応できるというのがあるかもしれません。人に頼るというよりは、自力で粘って解決する。実はかなり忍耐力がありそうです。

月が教えてくれる「休息」の重要性

竹内　もう1つ、働くうえで心がけてほしいのは体調管理です。というのも、チャートルーラーの月が太陽の近くにあると、責任感が強くなりすぎたり、その人の指示をしっかり守らなければという気持ちが大きく、自分のことが二の次になりがちです。特に、月的な身体のサイン（不調など）を後回しにしがち。全体に地のサインが少ないことも関係しているのですが。

Bさん　つい、大丈夫って言っちゃいますね。でも確実に身体は疲れていて……。

竹内　月は魚座なので、リフレッシュ法としてはお風呂に入るとか、水に関係する場所で回復する傾向があります。海とか水族館もメンタル面にいいですね。他には足裏のケアなども。

Bさん　なるほど。忙しい時ほど自分のことは後回しで、お風呂にも入る時間がなかったりしたのですが、それで余計に疲弊していたのかもしれないですね。

竹内　基本的な衣・食・住とか睡眠みたいな部分は月の分野ですが、チャートルーラーですし、Bさんにとって月に関係した欲求を満たすことは仕事を含め、すべての面で重要なことだと思います。火星のスクエアがあるので、状況に対応することができてしまう性質だからこそ、意識して休息を取りましょう。

Bさん　責任感もそうですが、仕事上でどうしても、心理的にため込んでしまう性格でして……。

竹内　太陽も月も水のエレメントなので、敏感に受け取ってしまう性質はあると思います。柔軟宮の魚座なので、スッキリ自分と切り分けることが難しい。

だからこそ、愚痴にしたりネタにして笑ったり、吐き出す＝周囲の共感を得ることで水に流せます。それができないと、どんどんたまっていってしまう。

Bさん　話を聞いてくれる友人や同僚には助けられています。

竹内　そういう意味では、お仕事が掛け持ちの状態というのも、複数の吐き出し場所があるという点では合っているかもしれませんね。とにかく、感情を出せる環境が重要です。

模索する講師業について
関係惑星を精査していく

Bさん　フリーランスのほうは、主に電話占いをやっています。一方で、SNSで著名な占い師の方にインタビューやコラボをしたり情報を発信する活動にチャレンジしてきたのですが、それを活かして講師業のようなことができないか模索しています。

竹内　ホロスコープを探っていくと、２ハウスの木星が、土星とかなり正確なオポジションを形成しているんですね。土星はルールや常識を表し、その影響を受けた木星が仕切りのある箱にきれいに並んでいるような組み合わせ。型（フォーマット）を作って、それに関連したものを規則正しく増やす組み合わせで、「教育的」という意味があるアスペクトです。

Bさん　わー！　講師業とリンクしますね。

竹内　はい。２ハウスの木星を、これから増やしていく（教えていく）占いの技術や経験と考えると、土星的なお手本を示す誰かがいると思うんですよ。土星は８ハウスで、自らが支配する水瓶座にあるのでディグニティも高い。このことから、信頼できる大御所、権威のある人、冷静で論理的な人。そんな占い師さんのスタイル、流儀を参考にさせてもらって、ある意味タッグを組んで展開していくというのが向いていると思います。まさに、SNSでゲストを読んで……というやり方の応用ですね。

Bさん　なるほど〜！

竹内　Bさんはノウハウを学ぶ段階ではすごくまじめで、型をきっちりと学ぶタイプ。それを誰かに教える時も同じようにできるのではないでしょうか。

Bさん　本当ですか!?

竹内　はい。お客さんとしては、「Bさんのキャラクターが好きで受講しました」という方が多いはず。水瓶座の土星的な人のベースの知識があって、それをBさん風味で伝えていく。その人物もまた、Bさんが踏襲して広めてくれることの恩恵を受けるし、その人からも信頼されるWin-Winの関係になれると思います。最初は、大御所の先生の技術を伝える「認定講師」のようなスタイルでもいいと思います。土星は、「継承」の8ハウスにあるわけですから。

Bさん　いいですね。やっぱり、自分1人で企画するのって難しくて、太陽や土星的な人物が「きっかけ」になってくださるんですよね。

竹内　Bさんはそういった人たちとお客さんの間に入って、魚座の共感性を発揮して一般人や受講生の目線になれるので、きっと支持されるはずです。

水星が示す
Bさんに合った進め方

竹内　講師業で重要となる「伝え方」「教え方」の部分は、Bさんの牡羊座の水星が補足してくれます。ノウハウ自体は、太陽や土星的な人物から受け継ぎ、自分の中で時間をかけて蓄積されていくものですが、実務的な面では、スピード感やテンポ感を大事にすると思います。長期講座のような形でじっくりとやるよりも、単発講座や集中講座のような、短期的で新鮮な気持ちで取り組めるやり方のほうが、ペースとしては合っていると思います。

Bさん　参考になりました！

第3章　基本＆悩み別のリーディング手順

Bさんのホロスコープ・リーディングをフローチャートで振り返る

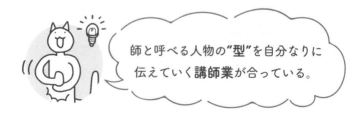

師と呼べる人物の"型"を自分なりに伝えていく**講師業**が合っている。

❶ 月と太陽を読む　公私のバランス

太陽と月が誤差の少ないコンジャンクションを形成しているため、一緒に見ていく。そのうえ、月は今回のテーマと直結するMC付近にあるため、非常に重要な要素となる。

月・太陽

- **サインは？** →「魚座」
  月はチャートルーラーでもあり、Bさんの特徴を端的に表す。柔軟宮で、人に引っ張ってもらいたい。方向性を示してくれる人がいるといい。水のエレメントで周囲の人の感情の影響を受けやすく、また心理的にため込みやすい面も。

- **ハウスは？** →「10ハウス」
  今回のテーマで最も重要なMCにあるため、大きな意味を持つ。それを前提に読む。

- **アスペクトは？①** →「(互いに)コンジャンクション」
  MCと太陽に対してコンジャンクションなので、社会で目立つ月。お客さんに親しまれる「看板娘」のようなイメージ。ただ、月が太陽にここまで近いと、責任感や献身性が強くなりすぎる傾向がある。私的な自分が公的な自分に道をゆずっているイメージ。

- **アスペクトは？②** →「火星とスクエア」
  仕事に関して急な対応に迫られることが多い。12ハウスの火星なので、原因がわかりづらい。体力を消耗させる配置。

- **アスペクトは？③** →「海王星とセクスタイル」「冥王星とトライン」
  火星とのスクエアの問題に対処するヒントになる。特に冥王星とのトラインから、極端な事態を想定しておくことで、冷静に対処できる一面を示す。実はかなりの忍耐力がある。重要なアスペクトが多いため、比較的影響の少ないソフトアスペクトの解釈は省いた。

まとめ1 太陽的人物に影響される

チャートルーラーの月が非常に太陽と近い。そのため、公私のスタンスは近い。太陽的な権威や代表者など「引っ張ってくれる存在」がいると働きやすいが、過剰に責任感を感じる面も。火星とのスクエアの影響で急な対応が多い。

❷ 「仕事」に関連した情報を読む　社会的役割、職業、仕事内容

MCのサインは？ →「魚座」

水のエレメントはケアすることやサービス業に関係しやすい。

MC付近の惑星は？ →「月」「太陽」※①でチェック済

10ハウス内の惑星は？ →「水星」

牡羊座なので、スピード感やテンポのよさ、内容のシンプルさ、短期集中講座に向く。

┗ **アスペクトは？** →「木星とトライン」「天王星とスクエア」

　MCのルーラーである木星とのトラインは誤差が小さく、より重要度が高い。土星をお手本とした自分のスタイルや経験の厚い蓄積を下地としながら、スピーディーに対応したり、次々に情報を提供したりする。天王星とのスクエアは、革新的な、目新しい情報を扱うこと。

MCのルーラーは？① →「木星」

┗ **サインは？** →「獅子座」

　自分のポテンシャルを信じている。不動宮なので継続力が強み。環境を変え、今までと異なる知識や技術を使う仕事に変わることには大きなエネルギーが必要。

┗ **ハウスは？** →「2ハウス」

　自分自身に蓄積される経験やスキルが仕事の成功のカギ。

┗ **アスペクトは？** →「土星とオポジション」「水星とトライン」

　土星という大枠の中で、木星的な発展がある。つまり、ルールやフォーマットがあったほうが力を発揮しやすい。講師業とも親和性がある配置。

MCのルーラーは？② →「海王星」

※ルーラーが2つある場合、近い惑星のほうが実際的な行動や現象に関係しやすいため、鑑定では木星のみに注目した。遅いほうの惑星＝トランスサタニアン（この場合は海王星）は、深層心理・潜在的欲求として働く。

┗ **サインは？** →「山羊座」

　社会的な成功に対して夢を抱く世代。

┗ **ハウスは？** →「7ハウス」

　対人関係の場面で夢を見せること、理想的なイメージの演出や雰囲気作りが仕事の役割に含まれる可能性。

┗ **アスペクトは？** →「月・冥王星とセクスタイル」

　MC付近にある魚座の月の、役割に馴染み、染まり、同化する「看板娘」のような性質を、さらに補強するかのように見える配置。日常的な生活者の雰囲気を薄くし、特有のキャラクターイメージを人々がそこに見る。

- -

まとめ❷ MC関連の惑星の意味を読み分ける

MCのサインは魚座で、現職のサービス業は合っている。MCのルーラーの木星が今目指している講師業だと考えると、木星とオポジションの土星は、フォーマットや安定感を与えてくれる人物の必要性だと読める。牡羊座の水星のスピード感も重要。

悩み別のフローチャート例＆実例3

パートナー観・恋愛について

恋愛、結婚、パートナーとの関係にはステップがあります。その人自身が、その過程でどのような性質を発揮するのか、順を追ってチェックしていくといいでしょう。

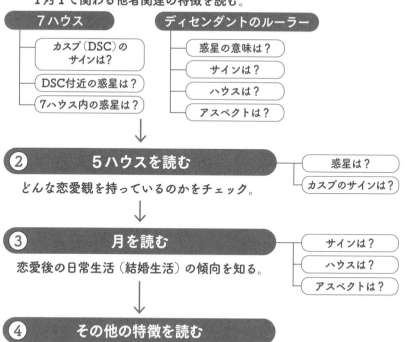

恋愛観・パートナー運を知りたい
Cさん（40代・女性）の
ホロスコープをリーディング

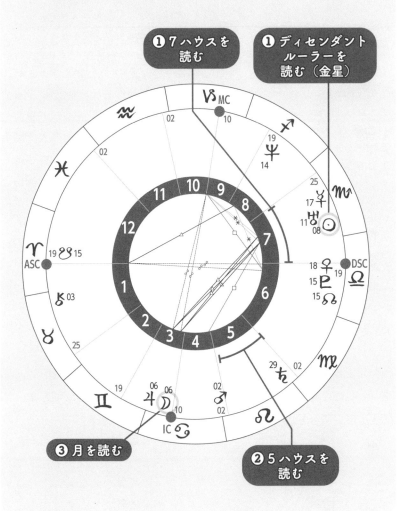

第3章 基本&悩み別のリーディング手順

Cさんの対人傾向を表す金星らしい金星

Cさん 既婚ですが、改めて自分の恋愛観やパートナーシップについて分析したいです。

竹内 このテーマでは、まずはディセンダント（DSC）や7ハウスに注目します。

> ✓チェック
> **Cさんの「他者」に関連した情報**
> **Cさんの7ハウス／ディセンダント**
> DSCのサイン：天秤座
> ルーラー：金星
> 7ハウス内の惑星：※金星、
> ※冥王星、※ドラゴンヘッド、
> 太陽、天王星、水星
> （※5度前ルールを適用）

竹内 Cさんの場合、パートナーを表すディセンダントのルーラーが金星で、それがそのままディセンダントとコンジャンクションという配置です。なので、パートナーというテーマで見る時に、この金星が非常に大きな意味を持つことになります。

> ✓チェック
> **Cさんのディセンダントのルーラー**
> 惑星：金星
> サイン：天秤座
> ハウス：7ハウス（5度前ルール）
> アスペクト：冥王星・ドラゴンヘッドとコンジャンクション、海王星とセクスタイル

竹内 そのうえ金星はディグニティが最も高い天秤座にあるので、いかにも金星らしい金星です。調和的で友好的な人間関係を築き、TPOに合わせた振る舞いができるでしょう。挨拶とか笑顔とか、対人関係が円滑になるツボを自然と押さえているようなタイプですね。Cさん自身もそれを意識して心がけているし、パートナーにも同様のことを求めると思います。ただし、金星と冥王星がコンジャンクションです。ある種の「過剰さ」を付与する惑星なので、Cさんは人と関わることに関して、極端に「調和を乱してはいけない」と思ってしまう。過剰に平和的というと変な表現ですが、自分の意見を脇に置いて全面的に相手に賛成するようなところが見受けられます。

Cさん 確かに、自覚があります。

竹内 相手は当然心地いいし、関係もよくなるんですが、「実はあの時、場の空気を悪くしないために言わなかったけど、本当はこう思っていた」と後から思うことが多いかもしれません。

Cさん あります！ 若い頃の恋愛でも、「嫌われたくない」という思いが強くて、そういう相手に合わせるような振る舞いだった気がします。

竹内 恋愛においても、相手にとって「いい人」であろうとする傾向を、この金星は示していますね。

Cさん自身はどんな人？ チャートルーラーで分析

竹内 では、Cさん自身はどんな人かというのは、チャートルーラーでわかります。アセンダントは牡羊座なので、火星ですね。火星（自分自身）と金星（他者／他者に対する自分）、つまりチャートルーラーとディセンダントのルーラーの比較もまた、パートナーシップをひもとくうえで重要になります。

POINT
「パートナー」というテーマに直結するのは7ハウスだが、1ハウスの「自分」に関連した情報との対比は重要。

☑チェック

Cさんの火星
サイン：獅子座
ハウス：5ハウス（5度前ルール）
アスペクト：太陽・水星
天王星とスクエア

竹内 Cさんは火星的なキャラクターで、人間関係のバランスを取るというよりは、自分自身の意志を貫くタイプです。不動宮（獅子座）なので、本来は簡単に自分を曲げたりしない人。つまり、本当は強い自分の考えを持っているんだけど、7ハウスの冥王星の圧力がバイアスとなって、関係の円滑さや場の穏やかさを優先してしまう。

Cさん その通りだと思います。実は苦手なフルーツがあるのですが、なかなか言い出せず……。義母が厚意でいつも送ってくださるんですけど、結婚して10年でやっと苦手なことを言えたくらいです。

竹内 10年は長いですね。

第3章 基本&悩み別のリーディング手順

Cさん でも、美味しいって伝えると喜んでくれるし、マナーとしても笑顔で受け取らないと、と思って。

竹内 まさにCさんの火星／金星が象徴されたエピソードですね。この金星の配置ならば、そういう振る舞いを自然とできてしまうんですよね。このように、パートナーシップや人間関係においては、本心と実際の振る舞いが微妙に違うところがあるのが特徴です。火星は火のエレメント、金星は風のエレメントにあり、調和的な位置関係。しかし、火星は7ハウスの中にある太陽とはスクエアなのでこちらは対照的です。

関係性が深まるとどうなる？
ポイントは月の情報

竹内 Cさんは長く結婚生活を続けておられるということですが、パートナーとの関係性が長く、深くなっていき、より家族のような関係になっていくと、月が重要になっていきます。日常生活や衣・食・住の習慣は月と深く関わるからです。

> ☑️ **チェック**
>
> **Cさんの月**
> サイン：蟹座
> ハウス：4ハウス（5度前ルール）
> アスペクト：
> 木星とコンジャンクション
> 太陽・天王星とトライン

竹内 月は蟹座で水のエレメント。Cさんに安心感をもたらすのは「共感」です。一緒にいたい、好きなものを共有したい、そういう心のつながりや親密さを非常に大事にします。その月と一番強く結びついているのが木星です。寛容さやオープンな気質を表す惑星なので、身近な人に対して何でもやってあげたいタイプで、受け入れるキャパシティの広さがあります。逆に、自分が困っている時も、同じように受け入れてほしい気持ちが強いと思います。とはいえ、この月は天王星とソフトアスペクトなので、お互いに頼りすぎない自立心があったうえでの話だと考えられます。

Cさん そうですね。パートナーに限らずですが、すべてを言わなくてもわかってくるような人には安心します。

竹内 月も太陽（蠍座）も水のエレメントなので、そういう安心感や親密さのある関係を作っていくことは、人生全般において重要です。ただ、だからといって依存的ではなさそうです。チャートルーラーが獅子座の火星で、自分の固有のカラーというものをおそらく持っていると思います。獅子座の火星の自立心と、蠍座の太陽の一体感の間で、バランス点を見つけるために押し引きしている印象です。自分のやりたいことやこだわりがあって、自分らしさを示すためにそれは大事だけど、それだけでは何かが足りない……。そういう時は誰かと深く関わったり、共同で取り組んだりする……のような感じで。

補足情報で見えてくる
コミュニケーションの特性

竹内 もう少し探っていくと、太陽と天王星のコンジャンクションがあります。これらも今回のテーマである7ハウスの惑星です。ここに天王星があると独立的というか、自由を求めるの

で、パートナーといつでも何でも一緒というような、完全な一体化を求めてはいなさそうです。「親しき仲にも礼儀あり」という価値観が根底にはあると思います。火星が示すものとリンクしますが、自分の自由が確保される領域を持っています。

Cさん なるほど。ちなみに7ハウスには水星もあるのですが、これもパートナーに関係するんでしょうか？

> ☑ **チェック**
>
> **Cさんの水星**
> サイン：蠍座
> ハウス：7ハウス
> アスペクト：
> 天王星とコンジャンクション

竹内 水星はコミュニケーションに関係します。恋人やパートナーとの関わりにおいて、特にそれを重視しそうです。

Cさん 私は結構、手紙やメールなどで、長文で気持ちも伝えるタイプですね。

竹内 なるほど。不動宮の水星って、熟考して「タメ」を作ってから言葉にするので、文章も話も長くなる傾向があります。お互いの水星の特徴からコミュ

ニケーションの相性を見ることもよくあります。Cさんの水星は天王星とコンジャンクションで、実は僕も同じ配置なのですが、興味の対象や視点が独特だったり、考え方に独自のルールがあります。一貫した法則に従ってロジカルに理解したり、伝えたりしたいという性質です。

Cさん　確かに、想いを手紙にする時に、自分なりの表現スタイルがありました（笑）。

5ハウスで進む恋愛ストーリー？

竹内　ご結婚されているのでパートナーシップをメインに見てきましたが、もっと恋愛的なテーマに触れておくとすると、それは5ハウスを見ます。

> **POINT**
> パートナーシップの特徴は7ハウス、恋愛感情は5ハウス、同居生活・結婚生活は月と、恋愛・結婚のテーマでも内容によって見るべきポイントが変わる。さらにハウスの中でも始まりの度数と終わりの度数などで、時系列的に読むこともできる。

竹内　その入り口にチャートルーラーの火星もあるので、恋愛の始まりは火星的です。ドキドキを求めたり、自分から追いかけたり。

Cさん　そうですね、相手に合わせてしまう性格ではあるんですが、それはあくまで好きな人だからであって、自分が好きな人を追いかけていたいタイプだったと思います。

竹内　それから、恋愛だけに限らず、自分にとっての楽しみ要素に関しては、熱中したり自分のカラーを相手にしっかり印象づけたり、火星的です。あと不動宮なので、諦めないというか、長期目線で恋愛に取り組むという面もあると思います。

竹内　ただ、5ハウスの終わりの度数のほうには土星があります。恋愛初期は5ハウスの入り口にある火星的に燃えるのですが、後半になると勢いだけではなくて、誠実さとかまじめさ、

お互いの責任など現実的な部分に意識が向かうでしょう。

Cさん 5ハウスの始まりと終わりという視点から、恋愛の流れが見えてきて面白いですね。

5ハウス土星からわかる
恋愛・結婚への責任感

竹内 ちなみに、Cさんの土星はノーアスペクトです。

> **POINT**
> どの惑星ともメジャーアスペクトを形成していない場合、その惑星が純度の高い状態で強く発揮され、重要な意味となって表れる場合もある。

竹内 今回のテーマであるパートナー関連でこの土星を読むと、「家庭での役割」とか「〇〇さんの妻として」世間や社会から見られることの苦手意識や、それゆえの慎重さと責任感が見えてきます。ノーアスペクトなので「土星は別枠」「それはそれ」として、独立して機能しているイメージです。これは自分の責任となれば、とにかく頑なに守ろうとするでしょう。

パートナーは
火星と金星？

Cさん 今回、自分の火星（チャートルーラー）と金星のバランスが腑に落ちました。

竹内 実は、一般的には女性のホロスコープの場合、「金星＝自分」、「火星＝相手の男性」とする見方もあるのですが、このホロスコープだとCさんが火星なので、それとは逆になります。また、結婚後のパートナーシップの場合は、「月＝妻」、「太陽＝夫」とする見方もあります。ただし、世の中のジェンダー観がアップデートされていっているので、そのように一般化した当てはめは、実状と合わなくなっていくかもしれませんね。

	男性性を表す惑星	女性性を表す惑星
継続的に生活を共にする相手のイメージ	☉ 将来性	☽ 安心感
性愛的な恋愛対象の相手のイメージ	♂ オラァ	♀ きゅん

> **POINT**
> 読み手や受け取り手によっても解釈が変わるように、ホロスコープの解釈は時代の価値観によっても変わっていく。

Cさんのホロスコープ・リーディングをフローチャートで振り返る

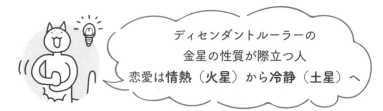

ディセンダントルーラーの
金星の性質が際立つ人
恋愛は**情熱（火星）**から**冷静（土星）**へ

❶ 7ハウス／DSCルーラーを読む　1対1で関わる他者全般の特徴

（ 7ハウスの惑星は？① ）→「金星」
（ ディセンダントのルーラーは？ ）→「金星」

パートナーの特徴を表すディセンダント（DSC）に乗る金星。しかも、ディセンダントルーラーでもあるため非常に重要。

──（ サインは？ ）→「天秤座」
天秤座は金星が支配するサインで、エッセンシャル・ディグニティが高い。

──（ アスペクトは？① ）→「冥王星とコンジャンクション」
過剰なまでに調和的。「絶対に相手に合わせなくてはいけない」と思ってしまいがち。

──（ アスペクトは？② ）→「ドラゴンヘッドとコンジャンクション」
1人の即断即決の行動はやり尽くしていて慣れている。他者とのバランスや調和的で円滑な協力関係を意識することで、手詰まりの状態を突破できる。未来につながる縁ができる。

（ 7ハウスの惑星は？② ）→「太陽」「天王星」「水星」

──（ サインは？ ）→「蠍座」
このテーマの場合、水星はパートナーとのコミュニケーション方法。不動宮なので、じっくりと深く考えて気持ちを伝えるため、長文や長話になる傾向がある。

──（ アスペクトは？① ）→「コンジャンクション（ステリウム）」
太陽と天王星の組み合わせから、パートナーとの完全な一体化は求めないことがわかる。絆を作りつつも自立して自分の世界を確保する関係性を目指す。水星と天王星は独自の着眼点やロジカルで整合的な思考を表す。

──（ アスペクトは？② ）→「(太陽が)火星とスクエア」
獅子座の火星の自立心と、蠍座の太陽の一体感の間で、バランス点を見つけるために押し引きしている。

[まとめ1] **社交的でパートナー運も高い**

ディセンダントの付近にある天秤座の金星は、Cさんの対人関係の特徴を最も強く表

す。とても活発で調和的な関係性の窓口になっている。7ハウスの後半には太陽を含む蠍座の惑星があり、親密で継続的な心のつながりが重視された関わりがあることも示されている。にぎやかな応接室と、その奥のVIPルームのイメージ。

② 5ハウスを読む　恋愛観

惑星は？ → 入り口に「火星（5度前ルール）」／終わりに「土星」

ハウスの中に複数の惑星が並ぶ場合、前半から後半の度数に向かって、時系列的にストーリーをたどる読み方もできる。恋愛初期はドキドキを求めるが、しだいに責任を重視するように。

カスプのサインは？ → 「獅子座」

不動宮なので、基本的には恋愛は長期的なものとして捉えることが多い。自分の基本姿勢を変えずに貫く。諦めないという性質も。

まとめ2 恋愛傾向は刺激的→現実的

恋の始まりは火星的で、ドキドキを求め自分が追いかけたい。関係が進展すると土星的で、誠実さや責任を重視するようになる。

③ 月を読む　　恋愛後の日常生活（結婚生活）の傾向

サインは？ → 「蟹座」

水のエレメントで「共感」が安心感をもたらしてくれる。一緒にいたい、何かを共有したい。

ハウスは？ → 「4ハウス（5度前ルール）」

安心できる温かな居場所を求める。地元や住む土地への愛着、インテリアなどへのこだわりも表す。パートナーとの関係においても、そこに共感して同じく居心地の良さを感じる相手ならばより関係性はスムーズ。

アスペクトは？

→ 「木星とコンジャンクション」

寛容でオープンな性格で、家族のことは何でもしてあげたいと思う世話焼きの側面がある。私生活では愛情いっぱいに接したいし、接してほしい。

まとめ3 共感と居心地がカギ

心をオープンにできる居場所を作り、共感し、親密なつながりを持つことが人生の中心軸にある。パートナーとはコミュニケーションを通してお互いの違いを理解しつつ絆を作る。

④ その他の特徴を読む

チャートルーラーとディセンダントのルーラーの比較

→ チャートルーラーは火星／ディセンダントのルーラーは金星

社交的で（過剰なほど）調和的に振る舞い、実際にいい関係性を作ることができるが、本来の自分は意志を貫きたい人なので、そこで自他の認識のギャップが生じやすい。

悩み別のフローチャート例＆実例 4
お金の価値観・金運について

　何にお金を使うのか、どうやってお金を稼ぐのか、あるいはお金が人生にどう影響を与えるのか。生きていく中でも重要な価値観を2ハウスに注目してひもといていきます。

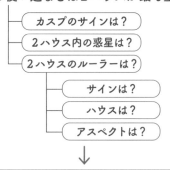

① **2ハウスの情報を読む**
収入を得る手段・収支の状態・
お金の使い道などは2ハウスが最も重要。
- カスプのサインは？
- 2ハウス内の惑星は？
- 2ハウスのルーラーは？
  - サインは？
  - ハウスは？
  - アスペクトは？

② **2-8ハウス関連で気になる配置を読む**
個人の財産（2ハウス）と
共有財産（8ハウス）の情報で補足。

③ **その他の特徴を読む**

何にお金を使い、どう稼ぐかを知りたい
Dさん（30代・男性・出版・メディア）の
ホロスコープをリーディング

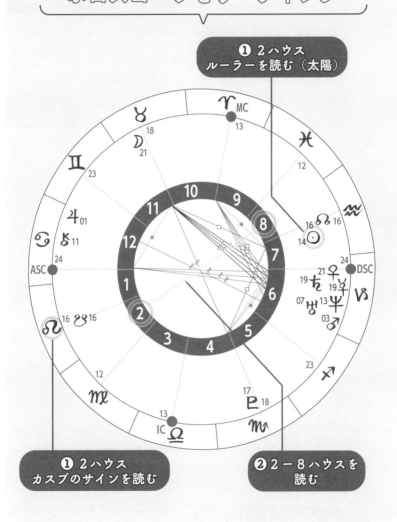

第3章　基本&悩み別のリーディング手順

お金の価値観・金運は
2ハウスを読み解いていく

Dさん　自分の金運の傾向や金銭感覚について知りたいです。

竹内　それでは、お金や物質との縁に関わる2ハウスを中心に見ていきましょう。Dさんの2ハウスには惑星は入っていませんが、ドラゴンテイルがあります。ハウスカスプは獅子座で、支配星である太陽が、お金や持ち物など様々な自分のリソースに関係する惑星になります。

> **POINT**
> 2ハウスの中にある惑星／2ハウスのルーラー（2ハウスのカスプのサインのルーラー）の両方がお金に関係する。

竹内　2ハウスのルーラーから、その人のお金の使い方が見えてきます。ルーラーがあるハウスで（に）、そのルーラーのようにお金を使う、と考えます。さらに惑星のサインやアスペクトの情報を付け加えることで、より細かいニュアンスも読み取ることができます。

> **POINT**
> 2ハウスのルーラーはお金の

使い道に関係する。
ハウス：どの分野に、どこでお金を使うか。
惑星の種類、サイン、アスペクト：どのようにお金を使うか。

竹内　Dさんの場合、お金を＜太陽＞のように、＜8ハウス＞で使うということです。

Dさん　なるほど。でも、私のホロスコープでは太陽は7ハウスなのですが……。

竹内　太陽が指し示している位置自体は7ハウスなのですが、（P64の解説の）「5度前ルール」を適用すると8ハウスになります。とはいえ、絶対的に8ハウスと読むよりは、7ハウスと8ハウスの両方にまたがるものとみなしたほうがよいです。

> **✓チェック**
>
> **Dさんの太陽**
> **サイン**：水瓶座
> **ハウス**：8ハウス（5度前ルール）

Dさんは自分ではなく
人のために使う＆稼ぐ

竹内　8ハウスなので、自分のお金を親密な関係者、チームに

140

使うのではないでしょうか。「深い関わり」に価値を感じてお金を投じていく。また、太陽なので、自分1人で貯め込む＝独占するのではなく、公明正大に、正式な形で皆とシェアする、価値を共有するタイプ。自分以外のためにお金を使って、結果的に自分を満たしたり成長させたりしそうな配置です。

Dさん　確かに、自分より誰かのために使うお金を優先します。

竹内　同時に8ハウスは自分でコントロールしづらい場所。例えば結婚相手の金銭感覚に合わせる必要があるとか、契約事に関して制約が多いとか、「縛り」を伴う傾向があります。その一方で、制約と引き換えに関係性を通して受け継ぐものがあります。8ハウスは、他者に心を開いて、信頼関係を築くことで「もらう、共有する」お金との縁が強くなるでしょう。

Dさん　なるほど。双方向に信頼関係を作ることで、お金や充実感につながるのですね。

竹内　2ハウスのルーラーが対向の8ハウスにある意味として、例えば資格を取得するとか個人的な経験やスキルを充実させるというよりも、人脈や信頼関係のほうがお金につながるタイプです。そもそもDさん自身が、そういった「つながり」に価値を感じる人では？

Dさん　そうですね。むしろそちらのほうがお金に換えられない価値があるというか。

竹内　プライスレスですよね。

お金の管理は苦手？
実は堅実な感覚

竹内　2ハウスのルーラーが対向の8ハウスにあるのはつまり、「自分のお金」が「パートナーのお金」の場所にあるということ。要するに、貯蓄や運用などの管理面では、例えばパートナーに丸投げしたり、重要性を感じずどんぶり勘定になってしまったり。

Dさん　……そうなんです（泣）。

竹内 ホロスコープを見る限りそれは自然なこと。だからこそ、信頼できるFPさんとつながるとか、対策がとれますよね。

Dさん お金の話、あるいは制度の話とかが結構苦手で……。

竹内 ただ、ホロスコープ全体を見ると、地のエレメントの惑星が非常に多いんですよ。

> ✅ **チェック**
> **Dさんの地のエレメントにある惑星は合計7つ**
> 月：牡牛座
> 水星・金星・火星・土星・
> 天王星・海王星：山羊座

竹内 なので、自らお金の話をするのは苦手意識があるかもしれませんが、現実的に判断する能力は高いんです。特に山羊座が多いので、効率重視の性質。苦手なお金の話に時間を割くのはもったいない。そこはプロ（FPなど）に任せて、最終的な判断だけする。そこで間違わない人。かなり堅実で地に足のつ

いた感覚をお持ちだと思います。

Dさん すごく実感と近いです。FPさんに頼ってみようかな。

獅子座／水瓶座軸が生むお金とやりがいのバランス

竹内 もう一点、2ハウスに関連していたのがドラゴンテイル。この感受点は、過去に「やってきたこと」。お金を稼ぐことに関して過去の自分や定着したスタイルに執着しがちかもしれません。それは価値あるリソースですが、慣れているために、実状とズレてきてもそのパターンを手放しにくい。しかし、2ハウスルーラーの太陽がある8ハウスで人やチームとの密な共同作業を通して、自分の価値観が更新され、新しいやり方を試みようとする。Dさんにとって、この2－8ハウス／ドラゴンヘッド－テイルのラインは、お金に関してのスタンスや考え方を偏らせない、バランスのよさを持たせてくれていると思います。自分の中の定番を特別視せず、冷静にそれ以外の選択肢を探すような。主観性と客観性を併せ

持っているのです。

Dさん 突き抜けた考えや判断を避けるところはあります。

竹内 Dさんは書籍の編集者さんです。2ハウスのドラゴンテイルの獅子座が、(現在は著者さんやデザイナーさんが担っていて、Dさんにも共感できる)クリエイティブな才能だとすると、そこにドラゴンヘッドの水瓶座的な視点、大衆にどう受け入れられるかとか、そういう俯瞰した視点を入れることでお金につながっていくと思います。ただ、それらの月のノードは人生のその時々でバランスを取るものであって、編集者として水瓶座の視点だけになってしまうと、獅子座的クリエイティブが疎かになって、書籍としてのクオリティやDさん自身のモチベーションも下がってしまいます。

竹内 テイルが過去なら、ヘッドは未来という見方もできます。過去の獅子座的な自分流のやり方にとらわれすぎず、水瓶座的なマーケティング視点を入れることでチームや関係者の要望に応えることができ、信頼が厚くなります。「これは偏っていたな」「この考えはちょっと古くなってきたな」と価値観をアップデートさせていくことで、成果もモチベーションも上がっていきます。当然、それは給与などの金銭面にもダイレクトに影響すると思います。ただ、月のノードはバランスが大切なので、獅子座的な自分中心の個人の想いを重視する時期も必要です。

Dさん まさに編集者としての葛藤を代弁されたかのようです。過去／未来という視点も腑に落ちました。実は若い頃は自分で創作活動をしたり、「個」の部分を大事にしていたのですが、今は編集者として様々な人の価値観をすり合わせることが軸で、今でも要所で獅子座(ドラゴンテイル)的な個の感性が活かさないと崩れるというか。

竹内 人生の目的を表す太陽もドラゴンヘッドの近くにあるので、重きを置くべき軸は水瓶座のほうだと考えられます。

第3章 基本&悩み別のリーディング手順

太陽のアスペクトが示す
お金回りの注意点

Dさん　2ハウスでお金回りを探るというのは勉強になりました。金運は何となく木星に関連しているものかと。

竹内　たしかに木星は「豊かさ」に関係する惑星ですが、それが具体的にどの分野で発揮されるのかは、木星のハウスなどによって異なります。人脈や知識の豊かさかもしれません。

Dさん　逆に、お金のことで注意すべき点はありますか?

竹内　それは、2ハウスルーラーの太陽=お金の使い道に関して、アスペクトでより深掘りしていきます。

> ☑️ **チェック**
>
> **Dさんの太陽のアスペクト**
> ・月とスクエア
> ・ドラゴンンヘッドと
> 　コンジャンクション
> ・冥王星とスクエア

竹内　Dさんの太陽は、月とスクエアです。月はDさんのチャートルーラー(アセンダント蟹座)で、自分が安心できる環境や生活のペースを示しています。

これが太陽とスクエアなどで、そういったペースを相手のために崩してしまうところがあります。それはお金の面でも同様で、相手のためにお金を使うのはいいのですが、過剰に自己犠牲的、自己規制的なところがあって、Dさん自身は人にお金を使って満足しているのかもしれませんが、実は「もっと〇〇にお金を使いたい」という欲求があるはず。牡牛座の月は物欲に関係し、自分が納得できる質のよいものを所有することは安心感につながります。

> ☑️ **チェック**
>
> **Dさんの太陽と月のサイン**
> 太陽:水瓶座(不動宮)
> 月:牡牛座(不動宮)

竹内　太陽と月は不動宮同士なので、そういった考え、スタンスが一度定着してしまうと、違和感がありつつもそれが当たり前という感覚になっているかも。

Dさん　確かに。それをため込むと、やっぱりよくないですか?

竹内　先ほど話にも出たように「バランス」が取れたほうがいいですね。ただ、月と冥王星が

オポジションになっていて、これはこだわりの強さを表す配置。「これだけは絶対に譲れない」という部分では、しっかりと自分のために確保できていそうです。また、細かく器用に微調整するというのではなく、時々必要に迫られて、大きくお金を動かすことはあるでしょう。

「金運」ってどう見る？ 2ハウスルーラーの品位

Dさん 最後に、私の「金運」について知りたいです！

竹内 そもそも「金運とは何か？」が難しいですが、その指標の1つになりそうなのは、2ハウスの中にある惑星や、2ハウスのルーラーのエッセンシャル・ディグニティです。

> **POINT**
> 人生的な金運は、2ハウスの惑星／2ハウスのルーラーの状態、つまりアスペクトやエッセンシャル・ディグニティがヒントになる。

Dさん 私の場合は太陽ですね。

竹内 太陽は水瓶座なので、ディグニティとしては、デトリメ

ントで、あまり品位はよくないです。ただ、その情報だけで金運が悪いと判断することはできません。お金は仕事を通して入ってくることがほとんどなので、10ハウス関連の仕事運とセットで読むほうが現実的です。2ハウスのルーラーがデトリメントならば、お金の動きや使い方が、いわゆる「逆張り」のスタイルで、素直な使い方をしない、単純明快な正攻法や定番は避ける、といったニュアンスが加わります。例えば、素直に自己投資にお金を使うより、遠回しな人脈や環境づくりに投資したほうが、還ってきやすいというイメージ。人よりは、リターンまでの時間が長いかもしれません。2ハウスのルーラーである太陽は不動宮で、冥王星のスクエアもある。基本的なお金の動きはゆっくりですが、動く時の変動は大きいです。その場合、自分自身のことや、友人のグループ、将来のこと（チャートルーラーの月が11ハウス）、あるいは子供や創作に関すること（冥王星が5ハウス）がテーマになる可能性があります。

Dさんのホロスコープ・リーディングをフローチャートで振り返る

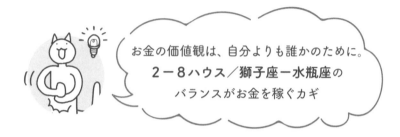

お金の価値観は、自分よりも誰かのために。
2ー8ハウス／獅子座ー水瓶座の
バランスがお金を稼ぐカギ

❶ 2ハウスの情報を読む　収入の手段・収支の状態・お金の使い道

- 惑星は？ →「ドラゴンテイル（10個の惑星以外の感受点）」
- カスプのサインは？ →「獅子座」
- ルーラーは？ →「太陽」

公明正大に、堂々と、正式な形でお金を使う。

- サインは？ →「水瓶座」

水瓶座の太陽はデトリメント。お金の稼ぎ方や増やし方について、単純明快で直接的な正攻法には飛びつかず、遠回しに見える人脈づくりに投資するなどの特徴がある。

- ハウスは？ →「8ハウス（5度前ルール）」

自分1人でお金（あるいは才能、経験、時間などのリソース）を貯め込むのではなく、パートナーや共同チームのためにシェアする。自分の手から離れたお金はコントロールしにくく、相手が主導で管理する傾向。8ハウスは1ハウスから見てアバージョンのハウスであり、制約と秘密が伴うが、密な関係性を通じて得た信用が、さらなる収入につながる可能性もある。

- アスペクトは？① →「月とスクエア」

チャートルーラーである月とのスクエアは、自分のお金を、自分以外の人のために使う（共有する、託す）傾向。そのために、自分の個人的な欲求を後回しにしがち。

- アスペクトは？② →「冥王星とスクエア」

不動宮同士のスクエアなので、良くも悪くもゆっくり動く。投資してもリターンまでにタイムラグがあるなど。ただ、しばしば大きな変動がある。冥王星は月とオポジションなので、（後回しにしていた反動のような形で）自分自身やグループ活動、未来のために、必要に駆られて極端にお金を動かす可能性がある。

まとめ1 利他的で遠回しな報酬の形

お金やその他のリソースは深く関わる相手や共同チームなどのために優先して投じるので、自分の都合は後回しにしがち。お金の動きは自分でコントロールがしにくく、また価値のリターンには時間差があり、信用や人脈など、直接的な報酬とは違った一見わかりにくい形でもたらされる。

② 2－8ハウス関連で 気になる配置を読む　個人の財産と共有財産

　2ハウスの対向の8ハウスに、2ハウスのルーラーである太陽がある。自分のお金を、相手に託す。お金の運用が苦手で、丸投げ、どんぶり勘定なところも。FPさんなどプロに任せるのがいい。
　2ハウスと8ハウスにある月のノード（ドラゴンヘッド／ドラゴンテイル）は、お金の価値観や稼ぎ方のマンネリ化を脱却し、前進するためのヒントになる。

まとめ2 安定してお金を稼ぐコツ

ドラゴンヘッドがある水瓶座的な視点がお金を稼ぐポイントになるが、それに偏らないようにドラゴンテイルの獅子座的クリエイティブ性も重要になる。

③ その他の特徴を読む

今回は2ハウスに焦点を絞ってリーディングしたが、お金は仕事を通して入ることがほとんどなので、仕事に関する10ハウスの情報を補ってもよかったかもしれない。
MCのルーラーである火星は、キャリアの形成や評価につながる惑星。6ハウス、山羊座にあり（エグザルテーション）、天王星とコンジャンクション。短期間で一気に成果やゴールにこぎつけることや、そのプロセスを改善すること、枠にハマらない独自のスタイルなどが、評価につながる可能性がある。

第3章　基本&悩み別のリーディング手順

悩み別のフローチャート例＆実例 5

進路選択について

自分の適性やモチベーションのポイントを知ることは、就職や転職、キャリア以外においても「人生の選択」を行う際に大いなるヒントとなるはず。

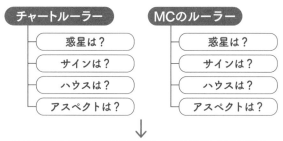

❶ チャートルーラー／MCルーラーの対比

自分のキャラクターと社会で求められることから考える。

- チャートルーラー
  - 惑星は？
  - サインは？
  - ハウスは？
  - アスペクトは？
- MCのルーラー
  - 惑星は？
  - サインは？
  - ハウスは？
  - アスペクトは？

↓

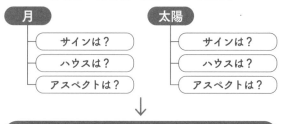

❷ 太陽と月の対比

やりがいやモチベーション（太陽）と、心地よい働き方（月）から考える。

- 月
  - サインは？
  - ハウスは？
  - アスペクトは？
- 太陽
  - サインは？
  - ハウスは？
  - アスペクトは？

↓

❸ その他の特徴を読む

自分が選ぶべき道を知りたい
Eさん（20代・男性・学生）の
ホロスコープをリーディング

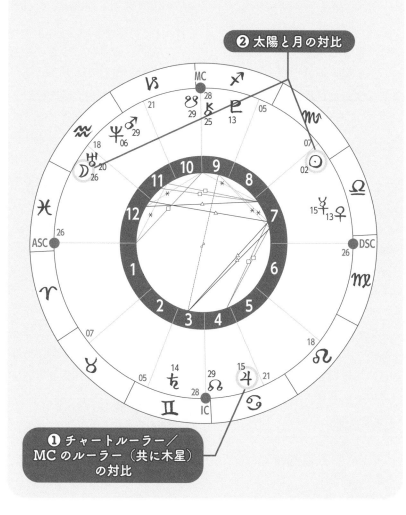

アセンダント&MCの
ルーラーが木星で同じ！

Eさん 大学院に進学予定ですが、その後の進路に悩んでいます。

竹内 職業的な検討については、まずMCに関連する部分を読んでいきましょう。また、どのテーマの場合も太陽（目的、モチベーション）と月（安心感）は重要な検討材料になります。MCは、この社会でどう役割を果たしていくか。社会から何を求められるか、とも言えます。EさんのMCは射手座にあるので、ルーラーは木星です。なので、木星が職業に関連した惑星になります。また、冥王星が10個の惑星の中では最もMCに近いので重要。まず、木星は蟹座で4ハウスにあります。これは、場を作ることや何かを育むことを表し、それを役割として求められるということです。例えば社内での教育や環境整備など。

> **☑チェック**
> **チャートルーラー①**
> アセンダント魚座→木星
> **MCのルーラー**
> MC射手座→木星

竹内 と同時に、EさんはチャートルーラーとMCのルーラーがどちらも木星。つまりパーソナルな自分らしさもオフィシャルな果たすべき役割も、木星の性質を持っているということです。自身のキャラクターとしても、人のお世話をしたり、グループを作ったりするのが好きなのではないでしょうか。

Eさん はい。大学ではサークルの代表として、皆が過ごしやすい環境整備を心がけています。

竹内 いいですね。普段から取り組んでいる自分らしい得意な事柄が、仕事の役割としても求められるという配置です。ちなみに、アセンダントが柔軟宮の人はEさんのように「チャートルーラーがMCかICのルーラーも兼ねる」パターンになりやすいです。進路決定において木星が重要だとわかったので、木星とつながる惑星を深掘りします。

> **☑チェック**
> **Eさんの木星**
> サイン：蟹座
> ハウス：4ハウス
> アスペクト：
> 水星・金星とスクエア

竹内 木星は、7ハウスの水星・金星とスクエアです。7ハウスは「1対1の関係」を表し、ここに水星・金星がある人は、外交的でコミュニケーションが活発。人と人をつないだり、相手にわかりやすく説明したり、情報を共有することが得意です。木星がある水のエレメント（蟹座）は内輪・仲間の結びつきを重視しますが、水星・金星は風（天秤座）で様々な属性の外部の人に関心を向けてつながりを作る性質。このスクエアが窓口となって、蟹座木星に、活発な風通しのよさが生まれます。

> **POINT**
> アスペクトを形成する惑星のサインやハウスをチェックすることで、背景となる詳しい情報を得ることができる。

竹内 この「場」にストックされた豊かな資源を、外交的なつながりを通して、どんどん外部に伝えていく。この木星を植物にたとえると、木の実などの直接的な収穫ではなく、それを育むための土壌です。目先の実績よりも、もっと広く業界全体の発展など、裾野を広げることを

目指すかもしれません。ディグニティが高いので、水分と養分をたっぷり含んだ肥沃な土壌です。成長を促すのが得意な方だと思います。

竹内 場を作るのですが、天秤座の惑星によるスクエアがあるのでその中で閉鎖的にならず、公平さを重視する点も特徴です。

MCに近い冥王星が示す没頭できる仕事

> **☑チェック**
> **Eさんの冥王星**
> サイン：射手座
> ハウス：9ハウス
> アスペクト：
> 土星とオポジション
> 水星・金星とセクスタイル

竹内 木星の次に注目すべきは、MCに近い冥王星。カイロンやドラゴンテイルもありますが、10惑星を優先します。冥王星は徹底した追求、極端さを意味

する惑星。職業においてその一面を発揮するので、例えばニッチな分野で深く探究する職種が肌に合う感じがします。しかも冥王星は高度な学問を意味する9ハウスですから、専門性の高い分野に縁がありそうですね。

Eさん　実は、「音響」を専攻していて、音波の解析に携わる仕事ができたら……と思っていて、そこは自分のやりたいこととリンクしている気がします。

竹内　まさに専門性の高い分野ですし、先ほどのアセンダント＆MCルーラーが同じだから「やりたい」と「求められる」が合致するという話と共通します。また、冥王星は土星とオポジションでつながっているので、時間と労力をかけて、根気強く研究を進める配置。ミスがないように、慎重に段階を踏んで積み上げていく忍耐力のある方です。金星・水星ともセクスタイルでつながっていて、外交的な能力が、その高度な研究をサポートします。人から紹介されたり、逆に誰かを紹介したり、あるいは共同研究で成果を出すことも考えられます。

進路決定のヒントを太陽と月で補足する

☑チェック

Eさんの太陽
サイン：蠍座
ハウス：8ハウス（5度前ルール）

竹内　アセンダント＆MCルーラーで「場」作り、冥王星から専門性の高い職種と、だんだん職業選択のポイントが明らかになってきました。次に太陽を見てみましょう。これは、やりがいや充実感に関係します。位置する8ハウスのテーマは「継承」。人がやってきたこと、研究してきたことを引き継ぐ、それを手がかりに何かを成し遂げることを目指します。

竹内　8ハウスの太陽は運命共同体のような、深い関係性・チームの中でモチベーションを感じることを示します。Eさんのホロスコープ全体としては風のエレメントが強調されているの

で、広く知識を集めたり、外部と連携することが得意ですが、一番満足できるのは、深い思い入れやリスペクトを持てるもの。それを受け継ぐ資格のある人なのだと思います。

> ☑チェック
> **Eさんの風の**
> **エレメントにある惑星**
> 月・天王星・海王星：水瓶座
> 水星・金星：天秤座
> 土星：双子座

Eさん　先ほどの「音響」の研究職や関連企業などを選んだほうがいいでしょうか？

竹内　アセンダント＆MCのルーラーの木星が4ハウスにあるので、競争原理の中で直接的な売り上げなどを求められない環境のほうが、この配置のよさが発揮できそうです。その意味で、研究職は向いています。月の情報も補足として重要です。

> ☑チェック
> **Eさんの月**
> サイン：水瓶座
> ハウス：12ハウス
> アスペクト：
> 天王星とコンジャンクション

竹内　月が水瓶座で、天王星と

も強く結びついているので、縛りの少ない、自由で風通しのよい環境が心地よいはずです。上下関係が厳しいとか、上司の意見が強めなのはしんどいと思います。研究はチームに任せてもらえつつ、本体からは独立しているような組織が理想ではないでしょうか。

Eさん　なるほど！

竹内　なので、進路決定の際には、社風というか、働く環境を重点的にチェックすることをおすすめします。新人でも、よい意見は取り入れてくれるような。ちなみに、月と天王星の結びつきは、ITや電化製品との縁も示しているので、お話しされているような音響系のメーカーなどもいいかもしれませんね。

Eさん　進路選びの要点がわかり、参考になりました。ありがとうございました！

Eさんのホロスコープ・リーディングをフローチャートで振り返る

得意なことと求められる役割が重なりやすい配置。風通しのよさが働きやすさのカギ！

① チャートルーラー／MCのルーラーの対比　自分のキャラクターと社会で求められる役割

チャートルーラー①／MCのルーラー

- **惑星は？** → 「(共に) 木星」
  自身のキャラクターでもあり、職業に関連する惑星でもある。発展的、楽観性を象徴する。

- **サインは？** → 「蟹座」
  エッセンシャル・ディグニティはエグザルテーションなので、成長力と広がりの勢いがある。

- **ハウスは？** → 「4ハウス」
  人のお世話をしたり、心地よい環境（グループ）を作ることが得意。社会や職場でも、そういった役割を求められる。教育や環境の整備、業界全体の発展のための土壌づくりの役割も。

- **アスペクトは？** → 「水星・金星とスクエア」
  水星・金星は活発なコミュケーションや外交的手腕を示している。蟹座的な内輪の結びつきにとどまらず、外に広げていこうとする性質であり、それを求められる。

チャートルーラー②

- **惑星は？** → 「海王星」
  想像力の豊かさや、見えないものをキャッチする敏感な感受性を持つ人。
  ※ルーラーとしてのトランスサタニアンは、直接的な行動には表れにくいように感じるが「潜在的・理想的にはそのようにしたいこと」として読み取ることができるかもしれない。

- **サインは？** → 「水瓶座」
  平等や物質主義からの脱却に期待を抱く世代。

- **ハウスは？** → 「11ハウス」
  同じ夢や理想を共有するグループの活動が自分の定位置。

- **アスペクトは？** → 「太陽とスクエア」
  海王星に関する神秘的なこと、見えないことなどのテーマや高い理想の追求は意欲的になり、モチベーションにつながる。

まとめ1

成果につながる土壌としての環境整備や育成は、自分の得意なことであり、それが仕事で求められる役割にも重なる。コミュニケーション力と外交的手腕が、そこに風通しのよさを加える。

② 太陽と月の対比　やりがい（太陽）と心地よい働き方（月）

太陽

- **サインは？** →「蠍座」
- **ハウスは？** →「8ハウス（5度前ルール）」

8ハウスは「継承」がテーマ。リスペクトする先人から、技術や知識、仕事などを受け継ぎ、次の世代につなげることにやりがいを感じる。後継者。

- **アスペクトは？** →「火星・海王星とスクエア」

先人から引き継いだ技術や知識などを、将来に伝えるための挑戦。かなり仮説や実験的要素を含んでいるが、結果に結びつける行動力があり可能性に満ちている。

月

- **サインは？** →「水瓶座」

自由で風通しのよい環境が合っている。上下関係や公私のメリハリがない環境はストレスに感じる可能性が。

- **ハウスは？** →「12ハウス」

周囲の気配を察しすぎる敏感さを持つ。そのため、他者が介在しない静かな環境が安心感につながる。

- **アスペクトは？** →「天王星とコンジャンクション」

束縛を嫌い、自由で独立した環境が安心感をもたらす。ITや電化製品、最新テクノロジーに関する業界、あるいはそれを活かした働き方に適性あり。

まとめ2

専門性の高い分野で、何かを受け継ぐような仕事が合っている。一方で、古い企業体質は合わない。環境が自分に合うか、プライベートが確保されるかが進路選択のカギ。

③ その他の特徴を読む

MCに近い冥王星から専門的な分野での適性がうかがえる。研究職やニッチな分野での仕事など。それに根気強く取り組んだり（土星とのオポジション）、外部の人との連携や共同研究（金星・水星とのセクスタイル）ができる。

ねこちゃん先生にクエスチョン！

実際にホロスコープを読む時に気になるポイントを解説！

Q キャリア面に関して、10ハウス（仕事）と6ハウス（労働）はどのように読み分ける？

10ハウスは最も高い位置にあるハウスなので、努力して上り詰めるニュアンスや「公的な顔」の意味があります。社会の中で担う役割を表し、それに応えることは地位の獲得につながります。適職、キャリアは10ハウスから読みます。6ハウスは1ハウスから見えにくい位置にあるため、自己抑制と奉仕的な意味があります。6ハウスは日常的にこなすべき労働や作業内容、同僚、職場環境の特徴を表し、それは10ハウスの立場を助ける位置にあります。

Q ハウスにある惑星とハウスルーラーはどう読み分ける？

ハウスの中にある惑星は、そのハウスの「基本情報、概要」を表し、ハウスルーラーは「より具体的で実際的な内容、動き、そのハウスの機能が実行される場所」を表すと考えてください。例えば7ハウスの場合は、7ハウスの中にある惑星が「パートナーの基本情報、属性、性質」を表し、ディセンダントのルーラーは「パートナーがどこの場面にいて（あるいは、どの分野と関連していて）、実際にどのように振る舞っているか」という情報を補足します。

第 4 章

人物像を解き明かす

惑星×サイン
&ハウス
解釈事典

月が射手座にあるなら？　金星が7ハウスだけ
ど？　ホロスコープを読み解くためには欠かせ
ない、「惑星×サイン」「惑星×ハウス」の組み合
わせの解釈集です。

※トランスサタニアンのサインは個人ではなく世代の特徴のため、ハウ
スの解釈のみ。サインの考え方はP192で解説。

太陽×サイン 基本解釈

太陽×牡羊座

挑戦し続ける開拓者

ゼロから新しいものを生み出す開拓者を目指します。未知の体験に飛び込み、挑戦する姿勢が特徴です。常に「今」しかなく、思い立つと準備やペース配分のことは考えずに、1人で直進します。初速のテンションが大切で、生命力にあふれている人。立ち止まると不安になりますが、人に促されるとやる気を失うタイプ。周囲の反応には無頓着です。

太陽×牡牛座

美の匠

豊かで落ち着いた人生を目指します。十分なお金や、満足できる質の物を所有することを望みます。慌てず動じず、自分の価値観とペースを守ることが信条。五感と経験が本当によいものや、正しい道筋を教えてくれます。抽象論や他人の事情には興味が持てませんが、実際に手に取って吟味できることに関心を抱くタイプ。練り上げる過程を楽しみます。

太陽×双子座

好奇心に導かれて

まるで珍しい昆虫を追いかける少年のようにあちこちを動き回り、ネタを集め、誰かにその面白さや知的興奮を伝えることに喜びを感じます。ロジカルで聡明で、言葉の力を信じる人。意味のある面白いことを届けたいのです。頭を使い、機転を利かせ、意表を突いて勝ちにいくスタイル。ジョークで深刻さを軽やかに乗り越える柔軟さも魅力です。

太陽×蟹　座

みんなここで育った

仲間の成長を見守り、1人前になるまで献身的に世話をする、母親的な存在であることを目指します。潤いと温もりを与え、安心できる居場所を作ります。それは思い出や物語が詰まった「私たちの世界」です。しかし、大切な居場所を危険から守るために、よそ者には排他的に振る舞ったり、内部の異分子には同調圧力をかけることもあります。

太陽×獅子座

主役の登場

誇り高き王様のように、注目と称賛を集める中心人物であることを目指します。毅然とした態度で責任を引き受け、周囲に頼られることが喜びであり、エネルギーの源。ドラマティックな演出を好み、自ら決めた道を歩むことで輝きが増します。ただ、媚びない堂々とした姿勢はいつも変わらないので、内心の不安や緊張は周囲に共感されにくいです。

太陽×乙女座

神は細部に宿る

誰かの役に立つことを誇りとし、丁寧で几帳面な姿勢を貫く人を目指すタイプ。細部に目を配り、微調整を重ね、完璧な状態に近づけていきます。技術的な有能さと緻密な作り込みに価値を置く職人気質で、成果物の完成度で評価されることを望みます。自分のミスに目をつぶらず、反省と改善を重ねながら、「神は細部に宿る」を体現していく人です。

太陽 × サイン 基本解釈

第4章　惑星×サイン＆ハウス解釈事典

太陽×天秤座

人間関係を調律する人

全体の調和を最優先し、そのためには個人のエゴを抑えることは当然と考えます。人生の目的や方針は1人で決められず、多くの人々とのコミュニケーションや価値観の比較を通して見出されるでしょう。人の個性を見極め、適材適所の役割分担を得意とします。主張が激しい「はみ出し者」の仲裁や仲介を通してバランスを保つことに価値を感じるタイプ。

太陽×蠍　座

錬金術師

ロックオンした特定の人物や組織、分野などに徹底して深く踏み込んでいきます。それだけ真剣に取り組める何かとの出会いは貴重です。没頭の過程で知識や技術と共に自分自身も変容し、ある時に全く別の自分に生まれ変わっていたことに気づき、大きな力と安定感が手に入るでしょう。しかし、方向転換が必要になった時は多大な労力を要する大仕事に。

太陽×射手座

旅のレポーター

冒険して自分の世界を拡大することを目指します。同じことの繰り返しでは停滞してしまうので、応用編に取り組んだり、違う価値観を持つ人と議論したり、環境を変えたりすることが重要。状況に揉まれることが刺激となり、自らをアップデートするきっかけになります。世界には「続き」があり、自分には成長の伸びしろがあります。旅は終わりません。

太陽×山羊座

計画的に目標を達成

結果を出す人を目指します。物事を仕組み化し、無駄なく管理・運営することが得意で、成果を確認することでモチベーションが高まります。感情に左右されず、計画を遵守し、実績の蓄積が自分の「城」となって、説得力や権威性を生み出します。ただ、責任感の強さとストイックな姿勢ゆえに心身が休まる時間が少なく、他の人にも同等の行動を求めがち。

太陽×水瓶座

自由と未来の観察者

「普通」の価値観に縛られず、自由で独立的に生きることを目指します。冷静で科学的な観察者の眼差しが特徴です。権威的なバイアスを察知し「正しい、多数派」とされる意見に抵抗する頑固な一面も。隣接するジャンルと先の未来を見渡し、理屈に合えば少数派の意見でも採用します。奇をてらっているわけではなく、一貫性や継続性を重視するためです。

太陽×魚　座

世界と1つになる

自分と世界を隔てる境界線をなくし、全体と1つになる調和した状態を目指す人。分析やコントロールが及ばない領域を信頼して明け渡し、必然性に委ねることで大きな流れに乗ります。光と影、天使と悪魔、笑いと涙など相反する要素を受け入れ、変幻自在に行き来し、その混沌の中から価値観を再構築し、最終的にはシンプルな真理にたどり着くでしょう。

— 159 —

月 × サイン 基本解釈

月×牡羊座

野生動物

動物的な勘が鋭く、頭より身体が先に動くタイプ。一直線に突っ走るので、途中で何かにぶつかったり損をしたりしますが、失敗とは捉えません。衝動のままに動けないほうが問題。その荒っぽさこそ、生命の実感をもたらし、心身を癒します。時々、怒りなどの感情を爆発させますが、忘れるのも早いです。生き物としての親近感があります。

月×牡牛座

よいものを味わう

慣れ親しんだ食べ物や音楽、衣服の感触など「いつものやつ」が心に安らぎを与えます。お気に入りはリピートします。自分の五感が語ることを繰り返し繰り返し味わい、楽しむことが習慣です。そうして磨かれたセンスと経験を信頼しています。自分の五感の声は詳しくわかっても、他人の気持ちなどには鈍感。実感の伴わない抽象論を信用しません。

月×双子座

面白いこと探し

SNSやお気に入りサイトのチェックなど、日常的な小さな好奇心を満たすことが安心感につながります。「面白そうなこと」に敏感で、興味が湧いたらすぐに飛び移っていくタイプ。そのため保留中のタスクがたまりがちですが、会話の引き出しは自然に増えていきます。頭の回転が速く要領がいい（悪知恵も働く）ので、マルチタスクは得意でしょう。

月×蟹　座

ありのままの心

感情が豊かで繊細。周りの人が自分のことをどう思っているのか、心の距離はどのくらいなのかをあれこれ想像して、それに連動して感情が忙しく動き続けます。弱い部分も恥ずかしい部分も含めて、ありのままの感情に寄り添い、共感してもらえる内輪的な人間関係があることが、安心感につながるでしょう。素直な反応は温かい空気を作ります。

月×獅子座

褒められて伸びる

日常生活の中にドラマティックで興奮した時間が必要で、それが安心感につながります。自分が注目され、称賛され、特別な存在であるという実感がエネルギー源なのです。そのために、自分の「舞台」を演出し、感情を大げさに表現してカラーを示します。褒められて伸びるタイプで、周囲が無反応だと不安。ライブ会場などは癒しの空間です。

月×乙女座

丁寧な暮らし

清潔で整った環境が安心感をもたらします。ルーティンに沿った丁寧な暮らしに心地よさを感じるはず。勤勉で分析力があり、役に立つことをしたいタイプ。生活空間の中で優先順位の高い場所は、細やかに整理整頓されています。細部に関心が向かう傾向があり、完璧主義（完璧ではない部分にまず目が行く減点方式）なので、つい他人の粗を指摘しがち。

月×天秤座

リアクション上手

平和的で調和のとれた人間関係に安心感を覚えます。人に対する興味が強く、リアクション上手。相手の立場に立って、相手が喜びそうな感じのいい反応が自然にできるので、場を和ませたり、人と人とをつなぐ仲介者として振る舞うことが得意です。衝突を避けたい気持ちから本心を後回しにしたり、皆にいい顔をしがち。1人でいると落ち着きません。

月×蠍座

デリケートで一途

心の奥底をさらけ出したい激しさと、傷つきやすいデリケートさを併せ持っています。そのため、人間関係の始まりには相手の誠実さを慎重に吟味します。基本的には秘密主義を通しつつ、ごく少数の相手と深い関わりができると安心です。一度親しくなった人と離れてしまうことは非常に辛く不安になるので、それを阻止すべく嫉妬心や依存心が強まることも。

月×射手座

細かいことは気にしない

自由奔放で楽観的な性格が特徴です。笑いやユーモアと楽しい盛り上がりが安心につながります。ルールや時間にはルーズで、細かいことを気にせず、大らかに構えるタイプです。リスクを過小評価する傾向があるので、ギリギリの状況でも危機感は薄め。閉じ込められることを嫌い、フットワークが軽く、未知の世界や変化を楽しむ柔軟さを持っています。

月×山羊座

きちんと自己管理

規則的で無駄のない生活習慣が安心感をもたらします。休息は不得意でも自己管理は得意で、身近にいるダラダラしている人には冷たく接しがちです。責任感が強く、結果や現実だけを重視するので、自分の素直な感情を後回しにしがち。リスクを大きく見積もる傾向があり、生活が計画通りに回らなくなることを警戒します。伝統あるものに守られていたい人。

月×水瓶座

自由とつながり

自分の感情を突き放して観察する癖があります。そのため感情が表情に出にくく、気配りや優しさが伝わりにくい傾向があります。他人の私情に深入りせず、自由が確保できる距離があると安心です。対面よりオンラインゲームやチャットで饒舌になり、世間やネットの意見を把握するのが得意でしょう。科学的で論理的な思考を持ち、頑固な一面もあります。

月×魚座

繊細で優しい

繊細で優しい雰囲気の人。場所の空気や相手の感情に自然に同調します。相手と自分の感情が混ざりやすく、感謝や喜びなど好意的な感情には癒されて心が潤います。しかし、ネガティブな感情も同様に吸収してしまい、引きずられることも。困っている人を見かけると同情心から手助けせずにはいられません。無関係な人はいないし、お互い様だからです。

水星×サイン 基本解釈

水星×牡羊座

0から1を発想する

0から1を生み出す発想力を持ち、新たな方法を試すことを得意とします。率直で核心を突く言葉が特徴で、結論だけを簡潔に述べたり、マシンガンのように一方的に話し続けることも。前例のないアイデアを突然思いつき、学問やビジネスにしばしば新風を吹かせます。それは荒削りながらも勢いと熱を帯びており、人々を驚かせ、興奮させるでしょう。

水星×牡牛座

五感で考え、伝える

頭で考えるのではなく五感を通して感触を確かめ、フィット感や違和感を点検するタイプ。基本的にはじっくり咀嚼するための時間を必要としますが、特定の分野に熟達してくると、まるで職人芸のような超スピード、かつ、正確な処理が可能に。人から言葉で説明されるより、実際に「行ってみる、やってみる」経験から得るもののほうが圧倒的に多いです。

水星×双子座

言葉の魔術師

情報のアンテナの感度が高いため、好奇心を刺激する事柄を次々に見つけます。また、情報の処理が速いため文字を見ると全部読んでしまうし、常にあれこれ考え続けて頭の中が忙しいことが多いです。理解力があり、伏線とジョークの入り混じった中身のある軽妙なトークや文章は強みと言えます。ただ、1つのことに集中するのが苦手な傾向も。

水星×蟹　座

心で語る

自分の心が動いて納得したことを1つの物語として語ります。言葉よりもその背景の心の動きに注目する性質。共感を通して理解し、伝えることを得意とします。たとえるなら、正確な形を描くデッサンではなく、自由な第一印象を直感的に描くクロッキー。主観的な歪みがあるからこそ、強く訴えかけるものが。擬音語や造語の使い方が特徴の人もいます。

水星×獅子座

注目を集める演説

インパクトのある表現が特徴で「舞台で聴衆に向かって演説する」というイメージの配置です。話には起承転結と山場があります。キャッチフレーズ、声の抑揚、資料のデザイン、パフォーマンスなどの演出でセンスを発揮するでしょう。学習や作業のやり方には自分の流儀があり、人の真似をしません。発表の機会があると楽しくなって燃えるタイプです。

水星×乙女座

電子顕微鏡の視点

緻密な分析力が特徴です。数値やデザインのわずかなミスを「些細なこと」としてスルーできません。「木を見て森を見ず」と言われても、客観的事実としてNGなものはNGなので指摘します。「何となく、ざっくりと」が理解できず、神経質という印象を与えがち。しかし、その抜け目なさには自信を持っていて、信頼を置かれているはず。

水星×天秤座

バランスのよい視点

相手の立場や知識量を考慮して話すため、伝わりやすく親切なコミュニケーションが得意です。独りよがりで偏ったものの見方を嫌うため、自分１人で考えることがそもそも苦手。情報の参照元を重視し、信用に足る人の意見を参考にしながら自分の意見を導き出します。受け取った情報を素早く整理し、正確にフィードバックする能力も備えています。

水星×蠍座

深くて長い話の説得力

徹底的に掘り下げて考える力があり、１つのテーマの最深部に迫ることに興味を抱きます。そのため、無意味な雑談ができません。普段の言動は控えめで慎重です。しかし、関心のある分野や、周到に準備を重ねた上ならば何時間も饒舌に語り、強い説得力を持って相手を納得させます。一度確立した考え方は揺らがないし、また変更も容易ではありません。

水星×射手座

スケールの大きな話

具体的な事実よりも、その先のプラスの可能性に興味を抱く人。心理学や哲学を背景とするメソッドや法則、精神論、占いなどを通じて、世の中を大きなスケールでシンプルに語ることを好みます。関心は専門分野の外にも広がる傾向が。ただし、総じて話の抽象度が高めで、論理の飛躍や理想に偏りがちな面があり、伝わりにくいこともあります。

水星×山羊座

現実的視点と任務遂行

「そろばん（あるいは電卓）、時計、カレンダー」を連想させる配置です。タスクの重要性やコストを計算し、総合的にメリットの大きいものを優先します。とても合理的かつ現実的な発想の持ち主です。スケジュールを管理し、てきぱきと計画通りに進められる人。精神論を信頼しておらず、仕組みや習慣による時間の積み重ねを信頼しています。

水星×水瓶座

冷静に俯瞰する視点

「理系的」と表現できそうな配置です。冷静で合理的な視点を持ち、感情に左右されず、理論に忠実にシステマティックに物事を捉えます。ですが、日常会話ではざっくばらんで親しみやすさがある人。ネットワークやシステム構築が得意な人もいます。常識的な価値観を一歩超えた発想や情報源を持つため、周囲の人と話が噛み合わないこともあるでしょう。

水星×魚座

彩りや空気感を伝える

思考の道筋がマインドマップのようにあちこちに展開するため、話が流動的で相手に伝わりにくいことがあります。それは実務面ではデメリットにもなり得ますが、その一方で、催眠療法、音楽、詩、漫画など、単純に言語化しにくい分野で才能を発揮するタイプです。印象派の絵画のように、モチーフの輪郭ではなく全体の空気感や色彩を巧みに表現します。

水星×サイン 基本解釈

第４章 惑星×サイン＆ハウス解釈事典

金星 × サイン 基本解釈

金星 × 牡羊座

ワイルドな魅力の装い

周囲と調和し、好印象を与えるために飾るのではなく、自分が元気で楽しい気持ちになるために飾ります。芯が強く、負けず嫌いで行動的な女性像を持っており、自分を率直に示す社交スタイルです。はっきりとした色合いの動きやすい服装や、機能的なものを選ぶ傾向にあります。ワイルドな生命力を感じさせるものに感性を刺激されるはず。

金星 × 牡牛座

上質さを愛でる

手触り、香り、音楽など五感の働きが優れている、美的センスのある人です。上質なもの、素材の良さが活かされているものを好むはず。落ち着きのある印象が魅力になります。対人関係では急激な変化を警戒し、自分の快適さや心地よさを最優先させるため、ゆっくり時間をかけることを望みますが、一度できあがった関係性は長続きするでしょう。

金星 × 双子座

気軽で楽しいお話会

話題性のあるものを楽しみ、豊富なトークの引き出しを持っています。外交的でフットワークが軽く、気軽なお話会などで人とのつながりを広げることが得意です。しかし、深入りされて重い関係になることを嫌います。服装はラフで若々しく見えるものか、自分のキャラの説明をするために選ぶようです。SNSで面白い被り物やコスプレをする人もこの配置。

金星 × 蟹　座

ナチュラルな温もり

心をホッと落ち着かせるものを愛するタイプ。居心地のよいナチュラルな空間に興味があるので、カフェやホテルが好きだったり、インテリアにこだわりがあります。対人関係では親しみと安心感を感じさせます。自宅でごはんを作って来客をもてなす「みんなのお母さん」のような人も。無条件に自分を愛してくれる子供やペットをとてもかわいがります。

金星 × 獅子座

ステージ衣装

オンリーワンの特別な輝きを放つ人や事柄に心惹かれます。そのため、派手に強調されて人目を引くような色合いや、そのような演出を好む傾向。どのような仕事でも、また基本的な対人関係の振る舞いにおいても「ステージ上のパフォーマー」として人前で注目を集め、特別感を演出することを楽しみます。そのテンションと自信にあふれた振る舞いが魅力。

金星 × 乙女座

技巧に気づける審美眼

丁寧に作られたものを好みます。仕立てのよいスーツなど、隅々まで行き届いた配慮と技巧に気づける審美眼の持ち主。「ありのままで美しい」という発想はなく、緻密な計算と努力の末に完璧な美に近づくと考えています。そのため、仕事や創作で自分のセンスを発揮する機会や、対人関係においても決して不遜なことはなく、とても謙虚で親切です。

金星×サイン 基本解釈

第4章 惑星×サイン＆ハウス解釈事典

金星×天秤座

映えと好感度 No.1

周囲から見た客観的な自分の姿や印象を意識しており、またそれが正確にわかる人。そのため、誰からも平均的に美しいと感じられる魅力的なファッションを選んだり、好感の持たれる振る舞いができるでしょう。当然、交友関係は非常に活発で広がりやすくなるはず。人にお願いすることがとても上手なので、自発的な努力を怠る場合もあります。

金星×蠍　座

切っても切れない関係

簡単には警戒心を解きませんが、一度信頼の絆ができると一蓮托生の深い関わりを求めます。特別な相手には自分のすべてをさらけ出し、また相手にも同レベルの自己開示と愛情を期待します。一途さや情の深さが魅力ですが、その情熱と献身性ゆえに人間関係に軋轢が生じることも。この徹底した姿勢は、趣味や仕事などの活動にも表れます。

金星×射手座

異なる感性にワクワク

対人関係における姿勢は明るくオープンでユーモアがあり、誰とでも親しい雰囲気を作ります。異なる文化や背景を持つ人の感性に触れることで刺激を受け、自分の感性がアップデートされるでしょう。人に何かを教えて成長を促すことを楽しみ、情熱を注ぐタイプ。多少詰めが甘かったとしても、結局はすべてを「学び」に変えてしまう楽観性が魅力です。

金星×山羊座

様式美

伝統的で洗練されたものや、型や様式のある芸術を好む傾向。対人関係は、実際的な目的を果たすための手段であると考えるので、仕事に関連した関係性が多めに。そのため、社交的な場面では雑談や感情表現は控えめになり、責任あるまじめな振る舞いをします。主に仕事を通じて人脈は広がるでしょう。落ち着いたフォーマルな装いが魅力です。

金星×水瓶座

交流の中継地点

様々な属性の人々との関わりを持つため、美の基準も枠にとらわれないものになります。特定の人に情緒的に深入りされると抵抗します（ドライに接する）が、一度できあがったつながり自体は長く続くでしょう。久しぶりに会っても、以前と全く同じ距離感と温度で接するところが魅力です。この人の存在や活動が、人と人をつなぐ中継地点になるのです。

金星×魚　座

天然の愛され芸術家

センスが光る天然の芸術家タイプです。特にこの金星は、写真、絵画、音楽、ダンスや体操など、頭の中のイメージを映像や動きに変換することとの親和性が高いようです。対人関係では自ら積極的に働きかけることはありませんが、自然な振る舞いが共感や好感を持たれます。あるいは、つい助けてあげたくなる雰囲気が人を惹きつける場合も。

165

火星×サイン 基本解釈

火星×牡羊座

先手必勝の挑戦者

新しい分野に1人で最初に突き進んでいく開拓者、挑戦者です。迷いがなくスピーディーで、先手を打って勝利を収めるタイプ。自分のタイミングを逃すと熱が冷めてしまうので、待たされたり行く手を邪魔されたりすると怒ります。スタミナが少なく飽きっぽいので、物理的・距離的に近い、見えるゴールに向かって短距離走者のように走ることを好みます。

火星×牡牛座

持久力の粘り勝ち

身の周りの穏やかな状況が脅かされたり、大切なものが奪われたり、得られるはずのものが得られない時などに怒ります。意見が対立した時は、頑固さと持久力で相手を根負けさせるタイプ。勢いにまかせて不慣れな分野に飛び込んだりはせず、周到に準備を整えた得意分野の中で負けない戦いをします。欲しいものを入手することに熱中する傾向も。

火星×双子座

機転と素早い対応力

頭の回転の速さとコミュニケーション力が武器。基本的には待ちの姿勢で、見張り台の上で弓矢を構えている人のようです。そして、クレームや反対意見など周囲で問題が持ち上がった時には、即座に次々に手を打ちます。あくまで論理的に、機転とジョークを利かせて切り返すでしょう。ただし、話が通じない感情的な相手には勝てないかもしれません。

火星×蟹　座

愛する者のために戦う

自分のために戦わず、親しい人々や自分たちが愛する世界が脅威に晒された時に戦います。周囲の同意と共感を得ることに力を注ぎ、それがあるところでは強気になれます。興味の対象との距離を一気に詰めたくても、その積極性を否定されると自分が傷つくので慎重です。好きなものを熱烈に人にオススメしたいのに、冷たい反応をされたくないので慎重姿勢。

火星×獅子座

プライドのために戦う

「自分が中心で一番」という状況を持続するため、プライドのために戦う人。注目が他所へ移ったり、尊重されていないと感じた時に怒ります。非常事態の時こそ、いつもと同じように明るく陽気なテンションを持続することに力を注ぐでしょう。ライバルと競争して勝つことよりも、周囲の注目を集めてモチベーションと輝きを保つことの方が大切です。

火星×乙女座

細かい分析に燃える

細かい分析や調整をすることに熱中する人。秩序の乱れやミスに怒りを感じ、その不備が発覚した時には、指摘した相手に対してではなく、完璧ではないサービスや商品、不備を見過ごした自分に怒っています。意見がぶつかった時にはとにかく細かい話を持ち出し、小さなミスの揚げ足を取り、具体的な証拠を突きつけて論破するようなところも。

火星×天秤座

調和を保つために戦う

アンバランスな状況のバランスをとるために戦う人。自分ではなく不当な扱いを受けている他人の味方になって、代わりに怒ります。自分の正当性を主張する時は自分が後退し、同じ意見を持つ人を召喚して「ゆえに、私は正しい」という状況を作るでしょう。熱意や腕力で強さを示すのではなく、強そうな（かっこいい、美しい）外見に語らせることも。

火星×蠍　座

絶対に負けない戦い

非常に強い忍耐力があり、挑戦すると決めたら達成するまでは決して諦めません。綿密な計画を立て、協力を頼み、あらゆる手を尽くして勝利を収めるタイプ。自分の領域に踏み込まれたり、途中で離脱されると怒ります。しかし、怒りをすぐに表には出さず、長く根に持ち復讐の機会をうかがいます。一番敵に回してはいけない人ですが、同時に最強の戦友です。

火星×射手座

戦いは成長の機会

自分の信念や価値観を主張することに熱くなるタイプ。お互いの主張をぶつけ合うことは「よいこと」と考えているので、議論を煽る傾向があります。競争に熱中しますが、勝敗が大事なのではなく、切磋琢磨して精神的に高め合うことや広大な世界を冒険するスリルが大事です。アウトドア活動や車の運転、スポーツチームの応援が好きな人もいます。

火星×山羊座

結果を出すために戦う

「結果を出す」という意味では、おそらく最強の配置です。ゴールを設定したら余計なことは一切せず極めてシステマティックに突き進み、勝利を収めます。責任感と自制心が強く、気分にも振り回されません。日々の成果がモチベーションです。そのような感覚が普通なので、それができないと言う他人が、どうしても受け身で幼稚に見えてしまいます。

火星×水瓶座

自由を勝ち取る戦い

自分や自分が所属する様々な種類の集団（コミュニティ、仕事のチーム、業界、地域など）の自由が侵害されることに怒ります。権力者からルールを押し付けられる場合も、相手や自分の立場に関係なく、集団にとって不利益ならば臆せず反論するでしょう。また、緊急事態など、最も動揺させられる状況下で、最も冷静で正しい対処ができる人です。

火星×魚　座

弱者を救うための献身

精神性や信仰心、世間から忘れ去られている弱い立場の人などのために奮闘します。他人が苦しまなければならない状況に対して怒れる人で、同情心と優しさがその原動力です。自分で決めた目標のために走るという性質ではなく、偶然もたらされた状況に必然性を感じ「今、ここで、私が一肌脱いで引き受けなければ！」と挑戦のスイッチが入ります。

木星×サイン 基本解釈

木星×牡羊座

すぐやるのはよいこと

新しいことに挑戦するのは「よいこと」と捉えます。出生図にこの木星を持つ人たちはスピード重視です。念入りに下準備をして安全を確保してから動くよりは、多少のリスクを引き受けつつ、荒削りなままでも行動して先行者利益を得ることを優先します。見切り発車で失敗した人に寛容で、その勇気と行動力を称賛。まく種は多いほうがよいと考えるのです。

木星×牡牛座

豊かさはよいこと

豊かさは「よいこと」と肯定的に捉えます。出生図にこの木星を持つ人たちは、何らかの形で物質的・金銭的なメリットを得る傾向があります。他人よりもまずは自分自身を十分にゆとりあるレベルまで満たすことは当然と考えて、そこに遠慮はありません。音楽や食べ物にこだわりを持っていたり、趣味のグッズをコレクションをしている人も。

木星×双子座

「積読」は増えていい

幅広い知識を持つことは「よいこと」と捉えます。情報の分類と咀嚼が途中でも、せっかくの好奇心を我慢して情報源を減らすよりは「積読」を増やしたほうがいいと考えます。雑学博士のようなタイプで、毎日のように誰かと連絡を取り合って話をしたり、書き続けたりしています。保留中の情報が散らかりがちですが、予期せぬ時に断片がつながるのです。

木星×蟹　座

身内の応援はよいこと

身内や仲間内との関わりは「よいこと」と捉える人。家族のように親しい仲間やファンのグループから、積極的で温かな応援を受けます。その人たちが世間の冷たい風から守ってくれて、発展と成長の機会をもたらすでしょう。成長に応じて仲間は増えます。お世話になった人たちに特別に愛情を注ぐことは自然であり、不平等やえこひいきではないという感覚。

木星×獅子座

ドヤ顔はよいこと

自信満々の自己主張は「よいこと」と捉える人。風格のある王様のような要素をどこかに備えています。何事も壮大に大げさに演出する傾向がありますが、自分の流儀に自信と誇りを持ち、周囲の人たちが「この人ならきっと大丈夫」「ついて行きたい」と感じる威光を放っています。熱意のままに堂々とアピールすることが発展のチャンスをもたらすでしょう。

木星×乙女座

「木」だけ見てもいい

細かいことは「よいこと」と捉えます。「木を見て森を見ず」という言葉がありますが、この木星を出生図に持つ人は「木の1本1本を見ることなしに、正確な森の全体像はつかめない」と主張するはずです。画用紙を平筆ではなく小筆の点描で埋めていくイメージ。しかも、それがあまり苦になりません。独特の分析スタイルが恩恵をもたらします。

木星×天秤座

協力はよいこと

他人と協力することは「よいこと」と捉える人。多くの友好的な関係性を作り出していく社交性の高さが備わっています。好き嫌いや属性の違いで相手を判断しないので人脈は広がり、視野も広くなる傾向。人の力を借りたほうが展開が速く、大きく発展する可能性があります。1人でやり始めるより、有力者からの紹介や協力があったほうが話がスムーズです。

木星×蠍　座

濃さ＋深さ＝よいこと

濃くて深い親密な関わりを「よいこと」と捉えるため、関わりたい人や事柄は絞られます。SNSでの顔も本名もわからない大勢の人とのつながりより、リピーターや知人の紹介など、距離の近い濃いファンとのつながりを好意的に捉えるタイプ。取引先やチームの信頼を得て必要不可欠な存在として優遇されたり、資金面でサポートを受ける恩恵があります。

木星×射手座

理想を追うのはよいこと

大きく広い視野を持つことは「よいこと」と捉えます。目先の具体的な問題解決よりも、遠くのワクワクする可能性に目を向けたほうがよいと考えます。「夢は何ですか？」「生きる目的は？」などの問いかけから可能性を引き出し伴走する、よきコーチの要素を備えています。人生の迷子にならないように、高いところから見渡す知恵をもたらす導き手です。

木星×山羊座

恩恵の責任を果たす

寒くて乾燥した土地で作物を育てるには、作物を厳選する必要があります。山羊座の木星はそれと似ていて、恩恵を得るには条件をクリアすべし、というような配置です。「棚からぼた餅」ではなく「正しく書類を申請したからもらえた給付金」のイメージ。恩恵を受け取る資格があることを示し、受け取るからにはその責任を果たそうとする誠実でまじめな人です。

木星×水瓶座

多様性はよいこと

多様性は「よいこと」と捉えます。自分が所属する小さな社会の外側には、多種多様な属性を持った人々がいます。この木星を持つ人は異なる価値観に偏見を持たず、多数派＝正解と決めつけない寛容さと公平さを持っています。地位や収入が高い人が偉いわけでもないという感覚。相手に干渉しすぎない姿勢と、オープンで気前のよい助け合い精神の持ち主。

木星×魚　座

ギブ＆テイク

優しさと許すことは「よいこと」と捉えます。誰もがどこかで必ずつながっていて、無関係ではないことを知っている人です。また、個人の成功は間接的に誰かのおかげだと捉え、感謝の気持ちを忘れません。失敗を許す慈悲深さと優しさを持ち合わせており、自分が失敗した時も同様の力に救われるでしょう。ギブ＆テイクを体現する人です。

土星 × サイン 基本解釈

土星 × 牡羊座

新たな挑戦が課題

新しい分野に挑戦することへの苦手意識があります。自分が挑戦しないことで、誰も手を挙げない気まずい膠着状態を長引かせてしまうことを懸念。そのため、緊張しつつも義務感から勢いに任せて、率先して行動を起こします。未開の地に新ルールを作る時は、他所の一般的なルールを参考にできません。思い切りよく、自分が決める勇気が必要です。

土星 × 牡牛座

こだわりの強さが課題

自分の五感や経験を信じた結果、物質的・経済的に損失を被ることを警戒しています。慎重に時間をかけて吟味しないと不安です。そのため、五感を通してとりわけ品質の悪いものを見抜く鋭い感性が磨かれますが、自分の及第点に達するものが少なく思えて、様々な判断が遅くなりがち。職人的・専門家的な判断力として信頼を得ることができます。

土星 × 双子座

知識の獲得が課題

知的活動に関する苦手意識があります。知識不足や情報の間違いを指摘されることを警戒しているため、軽々しく自分の考えを書いたり話したりできません。そのような機会には、必要以上に念入りに下調べして不安を減らすタイプ。また、他人の知識不足を見て我が振りを直します。年齢を重ねるごとに知識の土台が作られて人に教えられるレベルに。

土星 × 蟹　座

身内との関わりが課題

身内や親しい仲間との関わりに苦手意識が。自分の愛情不足が原因で、距離の近い人々を不安にさせてしまうことを警戒しているのです。そのため、義務感から面倒を見る行動をして、家族的な場所の安全を守るという監督の責任を果たすことも。そこに自分の親の価値観が反映されている場合もあります。同調圧力をかけていないか注意が必要です。

土星 × 獅子座

自己表現が課題

中心人物として注目されることへの苦手意識を持つ人。自分がリーダーシップを発揮できないせいで周囲の人が困ることや、自分の創作物が無視されることを警戒しています。そのため、義務感からあえて自信満々に振る舞うように努力したり、厳しい師匠から表現の型を学んだり。年齢を重ねるごとに注目される緊張感が減り、自然な存在感が出せるでしょう。

土星 × 乙女座

実務能力が課題

細かい事務作業に対する苦手意識があるでしょう。自分のミスが原因で周囲に大きな迷惑がかかることを警戒しています。そのため、自分の実務能力を信用できず（他人は雑なのでもっと信用できない）、チェック工程の網目が細かくなっていく傾向。それは誠実な仕事ぶりとしても評価もされますが、不利益が生じないミスには寛容になる練習も必要です。

土星×サイン 基本解釈

第4章 惑星×サイン&ハウス解釈事典

土星×天秤座

他者との関わりが課題

他者とバランスを取ることへの苦手意識があります。人を見る目のなさや理解不足によって、不公平な関わりをしてしまうことを警戒するのです。そのため、自分の主観的な見方を脇において、義務感から相手の立場に立とうとします。外国語や法律を学ぶなどして、立場の異なる人を理解しつつ、橋渡しする調停者や交渉人としての手腕が磨かれていくはず。

土星×蠍　座

深く関わることが課題

人や組織と深く関わることへの苦手意識を持つ人。約束や契約を守れなかったり、託された共有リソース（お金、技術など）を無駄にするなどして、信頼を失ってしまうことを警戒しています。そのため、親密な関係性を作る場合は非常に慎重になり、組織の内部の力関係やリスクを念入りに調査。それは組織の管理者としての手腕にもつながります。

土星×射手座

学問や研究が課題

知的な探究に関して苦手意識が。専門的で高度な教育についていけなかったり、自分の教養の少なさや、見えている世界の狭さを痛感し、恥をかくことを警戒しています。そのような知的コンプレックスを克服するため、社会人になってから大学に通ったり、留学したり、専門的で高度な研究に励んだりします。ゆっくりとその道の専門家に近づける人。

土星×山羊座

責任の全うが課題

責任を果たすことへの苦手意識があります。伝統や現場の常識を知らなかったために秩序を乱し、権威から抑圧されたり、自分や全体の成果を下げてしまうことを警戒するでしょう。そのため、その人が所属する組織のルールや自分が決めたルーティンにどこまでも忠実に従い、責任を果たそうとする傾向が。自他に厳しく、優れた管理力の持ち主です。

土星×水瓶座

多様性への寛容さが課題

多様な価値観を許容することへの苦手意識があります。自分とは異なる価値観を持つ人々への理解がないまま自分の常識やルールを押しつけ、差別になることを警戒するのです。また、多数派が正しいというバイアスに世間の人々が無自覚であることに危機感を持つ人。常識を俯瞰する視点を持つことを課題としています。公正な判断基準の持ち主です。

土星×魚　座

許し頼ることが課題

許すことや頼ることへの苦手意識があります。行きすぎた成果主義の追求により、力の弱い人や、力を失っている少数の人々に対する優しさと保護が不足し、結果的に全体が不利益を被ったり、幸せから遠ざかってしまうことを警戒しているのです。そのため、義務感から慈悲深いサポートをしたり、四角四面のルールを押しつけず柔軟で優しい配慮をします。

— 171 —

太陽 × ハウス 基本解釈

太陽×1ハウス

頼られる存在感

自分主導で人生を進めることを望むタイプ。言動が公明正大でエネルギッシュなので、中心人物として人目を引く存在感が。そのため、周囲の人々からは頼りがいのある人に見えます。新規事業を起こす可能性も。インストラクターやダンス講師、演奏者など、自分の肉体や身体能力を活かしたパフォーマンスが主要なテーマになる場合もあります。

太陽×2ハウス

経済的安定を目指す

現実的な人生プランを立て、豊かで安定した生活を営むことが目的です。そのために、自分の資質や技能を磨き、経験を活かして経済的な安定を築いていきます。価値を感じるものを入手して身近に置くことは、自信や満足感につながるので重要です。化粧品の商品開発や家電の販売、彫金、農園など、ものづくりや商品に直接関わる仕事に魅力を感じます。

太陽×3ハウス

情報の発信源

自分が目指すことを周囲の人とシェアしたり、一緒に学ぶことでイキイキとして輝きます。日常的な交流や会話を大切にするタイプ。私塾で自分が考案したノウハウを伝えたり、休みなくSNSやメルマガなどで情報発信している人も。情報の扱いが巧みで多芸多才であり、サービスのバラエティを広げることが得意。頻繁に移動することで活性化します。

太陽×4ハウス

みんなのインフラ

人々が集う居場所や基盤を作り、活性化させることに意義を感じます。目に見える成果よりも、それを支える土壌や根を充実させることに注力する人。例えば、不動産管理や個人サロン運営、家業の継承、インフラ整備などの実務に関係します。また、終末期医療の心理ケア、セラピー、伝統的な地元産業のPRといった、精神的な基盤作りにも関係します。

太陽×5ハウス

楽しいイベント開催

創造的で楽しい人生を目指します。生業にするかは別として、例えばイラストや写真、手芸、小説、音楽、演劇などのクリエイティブな分野や、スポーツや投機などのリスクを伴う勝負事に大きな意義を感じる傾向。仕事面ではイベント企画や開発など、自分主体で何かを作り出すことでイキイキとして輝きます。子供の教育や支援に力を注ぐ人もいます。

太陽×6ハウス

役に立つ喜びのために

「人の役に立ちたい」という欲求が人生を動かします。要望に応えることに忠実で、現場の実務に携わり、満足度の高い仕事をすることで輝くはず。しかし、大局的なキャリアの方針の舵取りは苦手なので、上司やメンター、コンサルタントなどとの関わりも大切です。具体的には、薬局やパーソナルトレーナーといった健康関連やトリマーの仕事なども。

太陽×ハウス 基本解釈

第4章 惑星×サイン&ハウス解釈事典

太陽×7ハウス

二人三脚で目的地へ

他者との関わりを通じて、自分の意志や目的が明確になるでしょう。特に伴侶やビジネスパートナーとの協力が重要で、二人三脚で人生が展開します。お互いの活動をサポートしたり、専門性が引き出される一方で、意思決定を相手に委ねがち。コーチやコンサルタントなど1対1で行う相談業務全般、接客業、ブライダル業界などに適性があります。

太陽×8ハウス

先人のバトンをつなぐ

制約と引き換えに、誰かから意志や共有リソースを受け継ぐことから人生のメインテーマが始まります。例えば、先代の社長から店舗と従業員とノウハウを引き継ぐ、先生から専門的な知識と哲学を受け継ぐなど。そして後継者にバトンを渡すことが目的となる場合もあります。保険や金融、相続など、他者の生命線に関与する分野にも適性があるでしょう。

太陽×9ハウス

より高く、より遠くへ

遠い世界への憧れがあり、実際的・精神的な「旅」を通じて人生の意義を探し続ける人。高い山に登ると、外界の日常の風景が違ったものに見えてきます。それに似た全体を見渡す特別な視点（精神性、哲学）を獲得し、それを広めることに価値を感じるでしょう。異文化に関すること、学術的な研究や教育、出版、旅行、交易の分野で活躍する可能性があります。

太陽×10ハウス

地位と名誉のために

自分の役割を強く意識し、その成果が正当に評価されることを望みます。地位や名誉の獲得に価値を感じ、野心的である場合が多いです。「縁の下の力持ち」にはならず、賢く効果的に自分をアピールしたり、人の上に立って旗を振るまとめ役を担うことが得意です。人前に立つことで力を発揮し、社会的に認められることがモチベーションになります。

太陽×11ハウス

仲間と目指す目的地

同じ志を持つ仲間との関わりを通して、社会に対して意義ある貢献をすることを目指しています。評価や昇進には思い入れが少なく、また組織のルールによる縛りを嫌うため、フリーランスを選択する場合が多いようです。政治や社会に対して独自の視点を持ち、改革の必要性を感じるはず。未来を見据えた理想につながる活動をライフワークとするでしょう。

太陽×12ハウス

裏で支えて輝く

チームや社会を裏で支える「陰の立役者」を目指します。「人々に見落とされており、責任の所在が曖昧だけれど、誰かがやらないといずれ支障が出る雑役」を率先して引き受け、人知れず真摯に取り組みます。大義のために自分を捧げることが、結果的に目標に近づくでしょう。例えば、公務員、社会福祉、途上国の国際協力など公共の利益に関係する分野。

月 × ハウス 基本解釈

月×1ハウス

感情が顔に書いてある

太陽の光を反射して輝く月のように、周囲の影響を受け止めて反応する受容的な性質の持ち主。相手に呼吸を合わせて話を聞き、感情を代弁することが得意です。母親や妻などの身近な女性が、アイデンティティや行動に大きな影響を与える傾向が。感情が直接行動に結びつきやすく、思ったことが顔や言葉に出がち。親しみやすい愛されキャラです。

月×2ハウス

お金は安心の源

情緒的な安定はお金や物質的な豊かさに支えられています。日常的に使う持ち物のストックがあること、過去の経験や知識、人とのつながりなど自分のリソースが安心感をもたらします。女性や子供向けの仕事、世の中のトレンドを読む才能を活かす仕事が収入につながる可能性。金運はしばしば波がありますが、気持ちが納得できる判断が解決のカギです。

月×3ハウス

井戸端会議

馴染みのある分野やその周辺事情に詳しく、身内や友人との世間話や散歩が安心感を与えます。ロジカルな正確さよりも感情や雰囲気を重視した言葉をチョイス。専門用語だらけの難しい話を噛み砕いて、こなれた話し言葉に翻訳することが上手です。相手の気持ちを聞いて言語化する才能も。先生のような存在の女性からノウハウを学ぶ機会があります。

月×4ハウス

家は心の隠れ家

住んでいる土地や地域の影響を受けやすく、安心できる場所を求めます。不動産やインテリアへの関心の高さ、地元愛が強いタイプ。家は隠れ家や聖域であり、しばしばそこに籠もることで心身のバランスを保ちます。素直な気持ちを分かち合う居場所があると癒しになります。親との心理的な絆の強さを表しますが、配置によっては過干渉という場合も。

月×5ハウス

娯楽は心の栄養

ライブや演劇の鑑賞、スポーツ、ゲーム、洋裁、お菓子作り、音楽など、楽しい気持ちにさせる娯楽が大切です。それは衣食住と同等の意味を持つ習慣であり、そこに必要な時間を使うことが癒しと安心感をもたらすはず。また、それは創作意欲を刺激します。クリエイティブな仕事への適性も。子供との関わりや子供に関連した事柄も安心感をもたらします。

月×6ハウス

職場に住んでいる

労働を通して安心感を得るタイプで、仕事や家事が生活の中心になりやすいです。職場に「住んでいる」ような人。要求に応えて努力している実感が心地よく、また怠惰な生活を嫌うので、働きすぎになりがち。心理的なストレスは体調に出やすい性質。気の合う同僚と働くことで、職能を発揮しやすくなります。ペットの世話も心の安定につながります。

月×7ハウス

2人が安心

身近で親しく何でも相談できる相手がいることで安心感を得ます。そのような人物の支援や紹介を通じて、新しい世界に入るチャンスを得ることが多いです。1人で見知らぬ人々の中に飛び込むことは少なめ。配偶者やビジネスパートナーとの関係では、未熟で初心者的な相手の母親役になることもあれば、逆に自分が保護を受ける子供役になることもあります。

月×8ハウス

絆の安心感

誰かとの親密なつながりや本音の関わりが安心感をもたらします。そのような信頼関係を通して、特に母親や女性から財産や所有物、その他のリソースをもらったり、借りたり、引き継ぐことがあります。また、信用を得た相手の資産を運用する直感的なセンスとして発揮される場合もあります。その一方で、相手との絆に縛られる依存的な性質になることも。

月×9ハウス

旅が心を癒す

異文化や宗教、学問、教養などに関して小さい頃から馴染みのあるものがあり、それが安心感をもたらします。例えば、実家がお寺だったり、母親が大学の先生だった人などです。海外旅行をしたり、神社仏閣を訪れたり、読書をして未知の世界を探求することで心が整い、リフレッシュできるタイプ。旅人が迷子にならないように世話をする案内人。

月×10ハウス

お屋敷の安心感

職業上の立場の安定が安心感につながり、そこが揺らぐことを嫌うので、保守的なキャリア志向になりがちです。有名企業で働いたり、上司や権威的な人と親しくなることで保護を期待します。私的なキャラクターが世間の人々の共感と注目を集める「人気運」の配置。女性や子供に関係した職業や、同僚の悩みを聞くなど職場で母親的な役割を果たす場合も。

月×11ハウス

いつもの友達が安心

共通の価値観を持つ友人やコミュニティが自分の居場所になり、それが安心感をもたらします。そこでメンバーの安心と安全を守りつつ、コミュニティ自体を育てる母親的な役割を担う場合も。いいものは1人で独占せず、シェアしたほうが自然で有益だと感じます。オープンに語りますが、どの人とも同じ距離感で関わりたいので深入りはしません。

月×12ハウス

秘密が安心をもたらす

比喩的に「部屋の壁が薄い」イメージの配置です。見えない場所にいる人々の好意も悪意も察しすぎて落ち着かないので、それらの影響を回避するための隔絶された静かな環境を必要とします。秘密が安心感をもたらすでしょう。オンラインでは顔出しをしない派。病院や福祉施設のスタッフや利用者、マイノリティの人々に共感でき、支援する器量があります。

水星 × ハウス 基本解釈

水星 × 1ハウス

ご意見番

水星がその人自身を特徴づける惑星になる配置です。「頭の回転が速い、弁が立つ、フットワークが軽い、情報源と発信量が非常に豊富である」などの特徴によって、その人が認知されることが多いでしょう。文章表現やトークの面白さが魅力であり、言葉に力があるため、説明や説得も得意なタイプです。最新のトレンドにも敏感で、若々しさが印象的です。

水星 × 2ハウス

知が財産

知識は財産であると考え、書くこと、話すこと、情報処理や情報提供などを生業とするタイプです。有益な情報をストックしたり、表現方法を磨いたり、あるいは執筆や発信を継続することで、さらに経済的な安定感は高まります。情報を有効に活用することで利益を生み出すような、商取引や市場調査、マーケティングなどにも関連する配置です。

水星 × 3ハウス

スピーディーな知性

活発な知的能力が特徴です。飲み込みが早く、スピーディーな情報の処理やコミュニケーション力に長けています。本業と副業、あるいは業務内で複数のタスクを担うなど、複数の仕事を同時進行でこなすことも得意でしょう。興味の幅が広く、取り組むテーマが次々と変わることも。頻繁な情報更新や対人関係の変化、周辺を動き回る忙しさが特徴です。

水星 × 4ハウス

安心と共感の場で話す

コミュニケーションを通じて安心感のある場を作るのが得意です。共感を得やすい話題や話し方で、自宅や地元での交流を活発に行います。農業や不動産、家族や親との連絡など、地域や家庭に根ざした情報を扱う配置。伝統文化や民話を伝える活動や、お話会の主催などにも適性があります。情報網やネットワーク作りに力を発揮するタイプです。

水星 × 5ハウス

自分も楽しい情報発信

楽しいコミュニケーションや脚色した情報発信で注目を集めるのが得意です。子供や娯楽、創作に関する分野で知性を発揮。自分がきっかけで、自分自身が楽しめることだからこそ、情報の質が高まります。例えば、教育や学校関連の情報発信、SNSのライブ配信、小説執筆、映画制作、イベント企画や販売、スポーツ指導などで能力を発揮できるでしょう。

水星 × 6ハウス

丁寧で細やかな作業

仕事ぶりが丁寧で、小回りが利くタイプです。自分の仕事の範囲内で実用的なアイデアや技術を発揮するでしょう。ただし、自分の工夫と努力だけでニーズに応えようとするため、あれこれ抱え込みがちな傾向があります。さまざまなジャンルの事務作業や情報処理などに関わりますが、特に健康や福祉、医療、ペット関連の仕事で能力を発揮する傾向が。

水星 × 7ハウス

対話から知を生み出す

情報を整理したり考えを深める際、相手の意見を参考にしながら客観的に判断することが得意です。相手の立場に立って考え、伝わりやすい言葉を選ぶ能力があります。好奇心旺盛で機知に富んだ、あるいは情報の分析力に優れた伴侶やビジネスパートナーを求める傾向。そして、その人との活発な対話や議論を好み、それらはすべて貴重な学びになるのです。

水星 × 8ハウス

知を受け継ぐ者

知識やノウハウを受け継ぎ、個人的に継承するか、あるいはチーム内でそれを共有することを通じて知的な能力を発揮。契約と秘密を守り、託された情報に敬意を払うことで信頼を得るでしょう。この水星の興味は、背後に隠れたテーマに向かいます。そしてなぜか組織の内部事情や人間関係の「ここだけの話」が、この人の所に集まってきます。

水星 × 9ハウス

答えよりも問いを探す

実用的なノウハウの習得にとどまらず、物事の全体像を把握する抽象的な知性を持っています。例えば、心理学や哲学、占星術のような、具体的な正解や結論のないジャンルにおいて、有意義にその特性を発揮できるでしょう。その他には外国語の習得や翻訳、専門的な教育、広告、出版業界にも適正があり、高い知性と教養を活かすことになります。

水星 × 10ハウス

公式の場所で情報伝達

仕事の役割として、水星に関連する事柄を担う人です。例えば公的な場でのスピーチや説明、発表、PR、案内、取り引き、上司や取引先とのコミュニケーションなど。結果を出すために必要なスキルの習得に努力を惜しまず、また政治的な手腕を発揮するタイプです。情報の分析や調査、伝達を適切に行うことが、社会的な評価につながります。

水星 × 11ハウス

仲間との情報網

オンラインサロンやオンラインコミュニティ、自助グループ、読書会、研究会、異業種交流会などのグループ活動に参加し、先進的な情報に触れ、学ぶ機会を得るタイプです。グループの会報誌や新聞、メールマガジンを情報源として活用することもあり、場合によってはその作成に携わることも。専門的な知識を持つ賢い友人を表す配置でもあります。

水星 × 12ハウス

裏方的な情報サポート

人の目が届きにくい、答えや実態が隠れている事柄に関して、深く思考を巡らせる人。様々なジャンルの裏方として、間接的・匿名的に情報の伝達や技術的なサポートを行います。例えば、WEBシステムの管理や、介護と医療の連携を図る後方支援、制作アシスタント、研究者などです。自由な連想から直感的にアイデアを得るようなタイプも。

水星 × ハウス 基本解釈

第4章　惑星×サイン&ハウス解釈事典

金星 × ハウス 基本解釈

金星×1ハウス

外見の魅力と愛嬌

いかにも絵になる外見で、その魅力が人を惹きつけます。人当たりの良さと丁寧でスマートな振る舞いが特徴です。いわゆる「愛嬌がある」人であることが多く、注目されやすいでしょう。ただ、良くも悪くも甘いところがあります。例えば、楽しくないことには関心を示しにくいとか、関係者にうまく便宜を図ってもらい手間を省くことが得意です。

金星×2ハウス

美しい物をコレクション

価値のある物を見抜く目を持っていて、自分の感性を刺激し、楽しくさせてくれるものに囲まれたライフスタイルを望みます。例えば、美容やファッションに関係したもの、装飾品、嗜好品、アートや音楽などのためには、お金を惜しまずに使う傾向が。また、そのような分野の活動が収入につながる可能性も。補佐や秘書、財政管理のセンスもあります。

金星×3ハウス

魅力的な伝え方

コミュニケーション能力が高く、話し方や聞き方、気配りや美しい所作が人々を惹きつけるでしょう。イラスト、詩、演劇など、情報を伝える手段にセンスを発揮。また、楽しく気軽に遊び要素を取り入れつつ教えたり、学んだりすることを好みます。例えば、お茶会とセットの料理教室や英会話のレッスンなど。ご近所のオススメスポットにも詳しいです。

金星×4ハウス

美しい暮らし

自宅や活動拠点を美しく飾ったり、調和的で心地よい状態を保ちたいタイプ。住居、家具、インテリア、ガーデニングなどの分野でセンスを発揮します。美しくて使いやすいWEBサイトの導線作りに関係する場合も。芸術や文化的な活動に関心の高い親やルーツを持つかもしれません。名所旧跡や滝、旅館を巡るのが好きな人がこの配置を持っていました。

金星×5ハウス

遊びの天才

自分を楽しませる遊びの天才です。イラスト、洋裁、写真、漫画、ゲーム、演劇などの分野に直接自分が関わってセンスを発揮するか、あるいは頻繁に美術館やライブなどに足を運ぶことで、自分を元気にします。アート的な表現の良さを見極める目があるタイプ。子供との楽しい関係性を表します。いわゆる「恋愛体質」なところもあるでしょう。

金星×6ハウス

仕事場の潤滑油

仕事の流れや、同僚やお客様との関係が調和的でスムーズになるよう工夫します。また、肉体的にハードな仕事は適さず、内容を楽しめることが大切。外交力を活かした補佐的な役割が得意です。健康のバランスを整えることに関心があるため、体内環境や肌のお手入れに力を注ぎます。ピラティス、鍼灸、マッサージなどの仕事に従事することも。

金星×ハウス 基本解釈

第4章　惑星×サイン&ハウス解釈事典

金星×7ハウス

美しい関係性を築く

他者やその代表である伴侶、ビジネスパートナーを通して、美しく価値のあるものに気づきます。公平に判断するバランス感覚を持ち合わせている、または美的センスのあるパートナーです。相手の立場に立ち、笑顔で親切かつ感じのいい対話を心がけますが、関係の調和を乱したくないため、相手に合わせて自己主張が遠慮がちになることもあります。

金星×8ハウス

美と共に受け継ぐ

他者と親密に結びつくことや、その信頼関係を通して金星に関連する事柄を受け継いだり、共有したりすることに喜びを感じます。例えば、お稽古の先生から技法を継承したり、結婚を通して財産を共有するなどです。また、相手のお金を扱う保険や金融、相続などの仕事にも関係します。グループの内部事情を知る潤滑油のような役割を果たすでしょう。

金星×9ハウス

精神的な成長を楽しむ

自分を高めることを楽しみ、日常から遠く離れた未知の世界にワクワクします。海外旅行や習い事が好きで、語学をはじめ、文化的な教養を高めるための勉強に趣味として取り組むことも。芸術やデザインを専門的に教える先生や学校を通してセンスを磨いたり、外国人との関わりが感性に刺激を与えます。パワースポット巡りやリトリートに大興奮する人も。

金星×10ハウス

美意識を仕事で活かす

アート、デザイン、飲食、アパレル、美容などの美的なセンスを活用した分野や、広報、顧客窓口などの外交的な手腕を活用した分野でキャリアを築くことができる人。公的な場面で魅力的に見せることを強く意識しているため、美意識は洗練されていきます。自分の実力だけでなく、目上の人の仲介や紹介がキャリアアップを助けるでしょう。

金星×11ハウス

美に関連したグループ

美や感性に関連した主に女性中心のグループ活動を通じて、社交的なつながりを広げます。テーマは音楽やアート、ワインなど様々ですが、必ずしも趣味に限定されません。ビジネスコミュニティの会員から専門家を紹介されるというケースも。自分自身がグループ内の橋渡しの役割を果たすか、あるいは橋渡しを得意とする友人に恵まれる可能性があります。

金星×12ハウス

隠れた魅力にときめく

神秘的な「隠されたもの」にときめく人。アロマ、音楽、ダンス、演劇などを通して、世界観や抽象的なコンセプトを表現する場合には鋭いセンスが発揮されます。楽しいことは隠しておきたいタイプで、秘密の人間関係があるかもしれません。顔出しをしないことで積極的なSNS発信ができる人や、海外に学校を建てるボランティア活動に参加する人なども。

火星 × ハウス 基本解釈

火星 × 1 ハウス

攻撃が最大の防御

積極的で闘争心あふれるキャラクターです。サインによって行動が素早かったり、慎重だったりと差がありますが、いずれにせよ力強く自分の意向を押し出します。「攻撃が最大の防御」という考え方で、何もしないまま状況が悪化するよりも、勇気を出して危険に挑むことを選択します。怒りっぽいところがあり、身体を張ったチャレンジをしたがるところも。

火星 × 2 ハウス

物欲を燃やして原動力に

お金を稼ぎ、物質的に豊かになることに熱心に取り組んだり、自分の能力を磨くことに熱中します。「欲しい！」と思ったら、手元のお金を考慮せずに衝動的に買う傾向が。やる気と収入が連動しているため、出来高制のスタイルのほうが性に合っています。時々、自分の力量が試される高いレベルの仕事を受けることが収入アップにつながるはず。

火星 × 3 ハウス

熱を帯びた言葉の力

コミュニケーションが熱を帯び、文章表現やトークに勢いと圧があります。何でも臆せず率直に質問するタイプで、議論では言葉が強くなりがち。ただ、異論を認めない姿勢はトラブルの原因にもなるので注意が必要です。医療や介護の現場や、緊急の文書作成などで迅速に対応することが得意。FX投資など、リスクを伴う情報処理にも関係します。

火星 × 4 ハウス

家は勇気と挑戦の場所

親との確執を表す場合があり、それは早い時期の精神的自立につながります。この人にとっての家庭や活動拠点は穏やかに寛ぐ場所ではなく、良くも悪くも荒っぽく熱を帯びた挑戦の場です。自宅で非常に忙しく仕事をしている人、山奥の古い家を自力でDIYする人など。また、親が火星関連の仕事（道場、理髪店、肉体労働など）という場合もあります。

火星 × 5 ハウス

大胆にスリルを楽しむ

しばしば思い切った大胆な行動を通して、生きている実感を得たくなる人です。この配置を持ったある女性が「バイクで山道を走るのが好き」「特に道のない所を走るのが楽しい」と言っていました。危険を伴うこと、あるいはスポーツや演劇、ダンスなどの肉体的なアクションを好むパターンが典型的です。衝動的で情熱的な恋愛感情にも関係します。

火星 × 6 ハウス

仕事の正念場ハイ

日々の業務を集中してやり遂げる中で、大きな達成感を味わいます。火星の衝動性や攻撃性をうまくコントロールして実用的に活かすことが得意です。締め切り直前の追い込みなど、時々山場があったほうが燃えます。一方で健康への負担を顧みないので、オーバーワークになりがちです。スポーツジムなど、日常的なトレーニングを熱心に行います。

火星×7ハウス

相手の力に触発される

バイタリティや行動力があり、主張が明確なタイプのパートナーを選びます。また、そのような特徴の他者との関わりが多め。相手の熱量に触発され、自分が挑戦を促されます。1対1の場面は危機管理の意識が高まるので、相手に対してとっさに攻撃的な、あるいは過剰に防衛的な反応をしがちなので、時々第三者からの意見を参考にすることが有益です。

火星×8ハウス

託された力で共に戦う

他者のリソース（お金、知識、技能など）を引き出したり、共有したりすることに力を注ぐ人。所属チームやプロダクション、ユニットなどの活動に深入りし、共に危機を乗り越えて信頼の絆を築き、自分がリソースを引き継ぐこともあります。ただ、過度に親密で不透明なつながりは情緒的・金銭的なトラブルの原因になることもあるので注意が必要です。

火星×9ハウス

熱く語り、高みに挑む

自分の主義主張や哲学を熱く語るタイプ。向上心があり勉強熱心で、難易度の高いメソッドの習得のために留学したり、繰り返し試験に挑戦したりします。バックパッカーとして各地を旅する人も。宣伝や広報などプロモーション活動を通して印象づけることが得意。自分の哲学やスピリチュアルな信念を理解してもらうために、諦めずに戦うこともあります。

火星×10ハウス

公的な注目の場で勝負

会議やプレゼンなど、注目が集まる公の場所で自分を強く印象づけたり、そこで「勝つ」ことを得意とします。組織のリーダー的な地位ではなくとも、なぜかそういう役割に抜擢されやすい人です。成果を競うことに熱中し、その経験によって勝負強さが培われます。建設現場の作業や外科的な処置を行う医療の仕事の人などにもこの配置がありました。

火星×11ハウス

切磋琢磨し合う仲間

切磋琢磨し合う意欲的で行動力のあるグループに参加します。そこはただ単に楽しく過ごす場所ではなく、明確な目的や競争があり、高い熱量を注ぐでしょう。例えば、薬害教育や子育てなどの社会貢献が目的のコミュニティだけでなく、スポーツ競技や大型のラジコンヘリコプターを研究するエンジニアのサークルに参加する人にもこの配置がありました。

火星×12ハウス

隠された怒りの矛先

怒りや闘争心、自己主張を表に出すことに抵抗感があるでしょう。そのため、SNSなどの匿名性が保たれる環境では反動で強気になり、攻撃的な発言をする人もいます。いじめや事故など、自分が世の中の火星的なもののターゲットになる可能性も。しかし同時に、同様の犠牲者に手を差し伸べ、その問題自体に勇気を持って向き合おうとする人です。

火星×ハウス　基本解釈

第4章　惑星×サイン&ハウス解釈事典

木星 × ハウス 基本解釈

木星 × 1ハウス

私は大丈夫

楽天的で快活な雰囲気を持ちます。ポジティブ思考で「なんとかなる、私は大丈夫」と信じており、寛容に振る舞います。期待した以上のことを明るく気前よくやってくれるので、周囲はそれに乗っかってニーズが膨らみがちです。しかし、その姿勢が周囲のサポートを引き寄せます。しばしば予想以上の広がりや好意的な反応が得られることがあります。

木星 × 2ハウス

どんぶり勘定

収支を細かく管理しない「どんぶり勘定」の金銭感覚です。必要なことには惜しまずお金を使いますが、なぜかそれが原因で大きな問題にはなりにくいです。お金に限らず自分の持ち物や能力、経験、人脈などのリソースを信頼しています。今は手元になくても、これから手にできる可能性を信じているのです。その価値観が豊かな状況を作り出すのでしょう。

木星 × 3ハウス

たくさんの自分の言葉

情報は「多ければ多いほどよい」と考えるタイプです。その結果、本や資料、追いかけているSNSアカウントや関連サイトなど、自分の興味関心にまつわる情報源がどんどん膨らんでいきます。毎日のように大量に「自分の言葉」を綴ったり、話したりすることが得意で、それがチャンスにつながります。一般人にもわかりやすい情報の具体性が特徴です。

木星 × 4ハウス

成長の土台となる教養

物質的に豊かな、あるいは文化的で教養に恵まれた親や家庭環境が、心理的な下支えになっています。たとえるなら、それは植物に豊富な栄養と水分を供給する肥沃で広大な大地です。親だけでなく、先生やスポンサーからの保護や支援を受け、それが社会的な発展の土台となるでしょう。実際に大きな家や部屋を持ち、たくさんの人を招く人もいます。

木星 × 5ハウス

楽しく盛り上がろう

「楽しいことは全部やりたい」と考える人です。自分を喜ばせることに前向きで貪欲で、それが個人的な趣味にとどまらず、冒険的な仕事のプロジェクトとして発展する可能性もあります。裏のない子供っぽさや遊び心が魅力で、それが人々の信頼と賛同を集めるのです。投機的な活動の勝負運の強さや、子供の成長をサポートする活動にも関係します。

木星 × 6ハウス

あれもこれも応えたい

同僚との関係や雇用の待遇など、職場環境に恵まれやすい配置です。自分の作業の許容量を信頼している（甘く見ている）ため安請け合いしがちで、仕事量が増える傾向があります。しかし、それに応えることで仕事の中身が充実し、顧客や職場からの評価が上がります。健康に恵まれるのでそれを過信し、体に無理をさせがち。定期的なメンテナンスを。

木星×ハウス 基本解釈

第4章　惑星×サイン&ハウス解釈事典

木星×7ハウス

パートナーからの応援

他者からの応援や保護に恵まれる人。たくさんの人との関わりがあるか、影響力のあるパートナーとの出会いや引き立てによってチャンスをつかみます。パートナー像は精神的、社会的な成長を促す、大らかで気前のよいメンターのような人。また、自分も1対1で相手と関わる場面ではそのように振る舞うので、人からは「大きく見える」傾向があります。

木星×8ハウス

共有財産の有効活用

影響力のある個人や組織との関係性から恩恵を受けます。限られた自分のリソースより、他者のリソースを有効活用することに可能性を見出す人。チームの一員として約束を守り、秘密を共有し、自由が制約されることが伴いますが、それは信用を得るためには当然だと考えているので抵抗がありません。だからこそ「この人になら託せる」と感じさせます。

木星×9ハウス

旅するように学ぶ

知的探求心の強さを表します。実用的な知識をコレクションするのではなく、より本質的な知恵の獲得を目指して、旅するように学びを続けます。教師やメンター、教育機関、報道機関との関わりが恩恵をもたらすでしょう。また、特定の国や文化との出会いが、世界を広げるきっかけになることも。外国語や専門性の高い法律の知識などを扱うことが得意です。

木星×10ハウス

恵まれた地位

大手企業との関わり（勤務する、取引先として関わる）や、有力者、上司などからの支援があり、それを通して恵まれた地位を得やすい配置です。組織全体の発展を目指す姿勢が目上の人から評価されやすく、それが自分の立場を優位にします。また、仕事として精神性や理念を広める伝道師の役割を担うことも。組織が迷わないために行き先を照らす灯台です。

木星×11ハウス

グループからの恩恵

友人や仲間、グループ活動から恩恵を得る配置です。教養のある知的なレベルの高い友人、物質的に恵まれている友人、有力者の友人などとの関わり。グループはメンバー数が多く、大所帯かもしれません。そのグループの中で自分が教え育てる役割を果たすことがあります。活動のテーマは自然食、日本文化、被災地支援、占星術の勉強会など様々です。

木星×12ハウス

ペイフォワード

セーフティーネットのような配置です。あからさまな恩恵は、目に見えないので期待もしていません。しかし「自分の知らないところで誰かが善意でフォローしてくれたり、自分の過去の善行の結果が巡り巡って最悪の状況を回避してくれている」と信じています。お人好しですが「自分の選択の結果がどう転んでも構わない、大丈夫」と達観しています。

土星 × ハウス 基本解釈

土星×1ハウス

落ち着いたキャラ

年齢よりも大人びて見える、控えめで落ち着いたキャラクターです。警戒心が強く慎重に行動しますが、免疫力が低いなど身体的、体質的な理由である場合も。危険を回避したいので、危険予知のシミュレーションと対策に余念がありません。特に、新しい挑戦をする場合は人より多くの時間がかかりますが、一度「型」ができれば確実さと安定感が出てきます。

土星×2ハウス

節約と資産管理

節約家でシビアな金銭感覚の持ち主です。「お金に困る」という意味の配置ではなく「お金に困ることを過剰に警戒している」配置です。そのため、家計簿アプリで収支を几帳面に管理したり、高価な商品のデメリットを探したりする傾向があります。変動の少ない、定期的な収入源があると安心です。地道に貯蓄したり、資産を管理することも得意。

土星×3ハウス

基礎的な学習が課題

基礎的な学習やコミュニケーションに関する苦手意識が。言葉の間違いや食い違いを警戒しているので、何かを説明する時には、その都度指差し確認をするようにルールや手順を意識します。初等教育の学習の不足感を、大人になってから補おうと努力する傾向。兄弟姉妹や親戚との関係など周囲へのセキュリティ意識が高く、過敏に反応する一面もあります。

土星×4ハウス

厳格な家とタフな精神

保守的で厳格な家で育った人に見られる配置です。両親や祖父母のしつけが厳しかったとか、親の意向で好きな仕事を選ばせてもらえなかった、親からの愛情が十分に受けられなかったなどです。その結果、乾燥して痩せた土地に育つ植物のように、タフで忍耐強い精神が培われます。また、自分が築く家庭や居場所にも同様の厳格なルールを重視しがちです。

土星×5ハウス

まじめに正しく遊ぶ

遊びやクリエイティブな活動に関する苦手意識があります。純粋な自分の楽しさよりも、正しさを意識して慎重になるため、取り組み方がまじめです。正確な情報の分析や計算が必要で手間暇のかかるもの、歴史や伝統、彫刻などに関係したものを題材に選ぶことが多いです。子供に対する関わり方も、まず親や教育の専門家としての責任を重視するタイプ。

土星×6ハウス

苦労が美徳

ルーティンワークのミスや遅れが原因で周囲に迷惑がかかることを恐れます。それを防ぐために、多大な時間と労力を労働に費やすでしょう。「苦労が美徳」という価値観を持っており、不安を減らすために苦労を増やします。しかし、その誠実な姿勢は仕事の質を高めるため、信頼にもつながります。肉体的、精神的なストレスを解消することが課題。

土星×7ハウス

権威の指摘とお墨付き

対人関係は権威や先達、年長者との関わりが多めなので、必然的に責任や上下関係を伴うものになりやすいです。厳しい目を持つ相手からしばしば指摘や制限を受けますが、その「お墨付き」を得ることで、社会的なスタートを切る場合もあります。パートナーシップにおいてはお互いのルールや役割を重視し、相手に管理者の役割を期待しがちです。

土星×8ハウス

組織の資源を扱う重責

他者との信頼関係を築き、個人やチームが所有する共有のリソース（お金、ノウハウ、人材など）を扱うことは責任重大でリスクが大きいと感じるので、慎重になります。関係者同士の思惑や派閥の軋轢で身動きがとれないこともあります。しかし、念入りに個人やチームの内部事情を探り、危険を予測して回避し、継続的な関係性に育てていくでしょう。

土星×9ハウス

本格的な学びが課題

神や宗教、語学、学問などに対して苦手意識があります。それらの分野の追求は、中途半端な素人考えですべきではないと感じるのです。そのため、信頼できる権威の見解や公式の研究結果を大事にし、時間をかけてまじめに取り組みます。先生の教えから外れることを警戒しますが、型に忠実に理解しようとするので、教師や研究者の資質とも言えます。

土星×10ハウス

堅実なキャリア志向

仕事の責任を重く捉え、キャリアに傷がつくことを恐れるために、進展は遅くなりがちです。しかし、誠実で責任感ある振る舞いによって、いずれは周囲の人々を支える「柱」になる人。特定の部署や会社組織などの秩序を守り、仕切る、責任者や管理者の役割が求められます。公式の資格を必要とする仕事など、堅めのキャリア志向が特徴です。

土星×11ハウス

堅実な仲間からの支援

友人や仲間との関わりやグループ活動は、明確な目的を持ってまじめに行うべきだと感じるタイプです。少人数のグループであるか、あるいは特定のジャンルの権威が含まれている可能性があります。そのグループの友人の助言は堅実で、先のほうばかり見て飛躍しがちな時は即座に指摘をして、目の前の課題をクリアする必要性を示してくれるはずです。

土星×12ハウス

誰かの責任まで負う

自分には見えない場所で、何か悪いことが起こることを警戒します。予期せぬトラブルは自分の過去の見落としや対処漏れが原因だと想像するタイプ。そのため、直接的には自分の責任ではないはずのことに責任を感じて奉仕的に振る舞うことも。しかし、その姿勢は人間的な深みや落ち着き、思慮深さにつながります。孤独を愛する、達観した価値観の持ち主。

土星×ハウス 基本解釈

第4章 惑星×サイン&ハウス解釈事典

天王星 × ハウス 基本解釈

天王星 × 1ハウス

私は私でしかない

「普通は○○だよね」「○○が正しい」といった言葉を流せず、反抗したくなるタイプです。レッテルを貼られることを嫌い「私は私でしかない」という感覚を強く持っています。周囲の予想を裏切り、常識の斜め上を行く独自の発想や行動が特徴。自由を奪われることが耐えられないので、場の空気に合わせたり、集団行動を強いられることがとても苦手です。

天王星 × 2ハウス

自由で変則的な収支

金銭的な安定のために会社に時間を拘束されたくないので、結果的にフリーランスや兼業をすることが多いです。機械類やテクノロジー、ITなどに関連した分野の仕事や、独創的な発想、才能が収入に結びつきます。前職とは技能的に全く関係ない仕事に転職するなど、才能の振り幅が大きい人です。しばしば唐突な財政状況のアップダウンを経験することも。

天王星 × 3ハウス

独創的な知性

学習やコミュニケーションの方法、思考の道筋、興味を持つ題材、発想などが独創的です。海外移住で学校環境の急激な変化を経験するとか、特殊な思想を元にした初等教育が発想のきっかけになる場合もあります。例えば、コーチングが日本で知られる前の時期にいち早く海外で資格を取得し、仕事に活用し始めていた方もこの配置を持っていました。

天王星 × 4ハウス

独立的な家庭環境

家庭環境の変化や、家や親から距離を置くという配置です。例えば、両親の離婚や再婚による家族関係の変化や、過保護な親から離れるための1人暮らし、養子縁組、あるいは頻繁な引っ越しなどです。共通して言えることは、しがらみの少ない自由な家庭環境を好むという点です。家や親から物理的に離れたとしても、関係性自体は良好という場合もあります。

天王星 × 5ハウス

独自の発想の創作

創作的な活動に独自の発想やテクノロジーが加わる配置。例えば、この配置を持つ人の中にはゲームの映像制作や音楽の編集、あるいはエッセイの文章表現に独自のユーモアが光る方もいました。また、別の方はオンラインの作曲スクールをされていましたが、常識的なセオリーを覆すような発想と工夫の運営を実践していました。

天王星 × 6ハウス

フリーな働き方

決められた時間の枠内で働くことや、毎日同じ同僚と顔を合わせなければいけない職場環境は、大きなストレスを感じるタイプ。在宅勤務やフリーランスのほうが能力を発揮できそうです。「離れさせる」という天王星の作用で、本社から離れて海外勤務している、自宅と作業する事務所が離れている、複数のオフィスや定期的な出張という表れ方もあります。

天王星×ハウス 基本解釈

第4章 惑星×サイン&ハウス解釈事典

天王星×7ハウス

自由を尊重する関係性

パートナーには、世間の常識が通用しないところがあります。相手から刺激的なアイデアや、驚き、発想の転換がもたらされる配置。天王星は「離れさせる」惑星なので、相手には必要以上に干渉しないし、されたくありません。普通の結婚に懐疑的で、夫婦別姓や別居婚といった自由な選択を支持する傾向。突然の出会いや別れという表れ方もあります。

天王星×8ハウス

共有財産をアレンジ

重い感情の圧や束縛を嫌うため、他者との情緒的な結びつきや共同体への所属に抵抗し、独立的な立場を確保しようとする人。先人が残したリソース（お金、ノウハウ、技術や技法など）を共有し、継承しつつも、そこに新しい要素を加えてアレンジします。あるいは、自由のために親密な関係の中に厳重な線引きをしたり、関係性を突然リセットすることも。

天王星×9ハウス

信念に風穴をあける

信仰や学問の自由を表す配置です。多くの人が盲信する思想や信念を疑い、そこに染まらないように注意しています。その結果、時代を先取りした新しい考え方や見方に関心を向けるように。留学によって閉塞感を打開したり、突然の予期せぬ形の旅行が結果的に新風を吹き込みます。通信制の高等教育や、大学の学部変更や退学などにも関連します。

天王星×10ハウス

変則的なキャリア

縦社会の制約には馴染めない、典型的なフリーランス向きの配置です。安定した地位より、束縛のない自由を選びます。キャリアの道筋が異色で変則的なので、履歴書に経歴が書きにくいかもしれません。会社員の場合でも、チームや個人がある程度独立して動ける場合はストレスが減ります。各業種や現場に新しい発想を持ち込み改革することが仕事です。

天王星×11ハウス

革新的な友人と未来像

個性的で枠にはまらないユニークな友人やグループとのつながりを表します。そこから発想を転換するアイデアや技術がもたらされ、それが未来につながる突破口になるでしょう。もし10ハウスに保守的で堅実な傾向を示す要素があれば、控えめな仕事の役割と革新的な未来像の間で揺れつつすり合わせていくか、両者を別物と割り切って並走します。

天王星×12ハウス

世のため人のため改革

「見つからないように、こっそりと家出の準備をしている」イメージの配置。自由を求める独立的な意志や反抗心を隠しているか、それに無自覚な状態です。しかし、それを何らかの大義名分を借りて（途上国の国際協力、フェミニズム運動など）、個人の都合ではなく世の中の悪い常識が招いた困り事を解決する名目で、実行に移すことがあります。

海王星 × ハウス 基本解釈

海王星 × 1 ハウス

直感が導くヒント

敏感な感性と想像力を持っています。説明のつかない直感が日常的な判断に影響を与え、まれに人生を導く手がかりになることも。それは芸術や占いの才能だけでなく、様々な分野の「察しのよさ」として発揮されます。ファッションや芸能の分野では、イデア（理想）を体現したような、いかにもそれらしい容貌の人もいます。変幻自在のパーソナリティ。

海王星 × 2 ハウス

どんぶり勘定の上位版

流行に乗った分野でスケールの大きな収入を得ることもあれば、詐欺のような話で大損をすることも。自分と他人の金品の所有権の境目が曖昧で、お金の管理はパートナーや経理の担当者に完全に丸投げしている、という人もいるでしょう。お金の出入りに不透明なところがあり、決まったルート以外からの不規則な収入や、使途不明金と関連があります。

海王星 × 3 ハウス

イメージで捉える知性

言葉よりもイメージを通して物事を捉える知性の持ち主。偶然の一致や予感など、神秘的な感覚を重視します。詩的、文学的な表現力だけでなく、催眠療法、ダンス、アートセラピー、写真、映像技術への興味や技能にも関係。散歩や移動先、海、川、池などでインスピレーションを得やすいです。お遍路のガイドや、釣り師の人もこの配置を持っていました。

海王星 × 4 ハウス

理想の家を夢見て

理想の家や居場所を夢見て模索する配置です。例えば、幼少期に家族から愛情が十分に得られなかった人が、理想の家族を創作の世界で表現したケースもあります。あるいは、住環境やインテリアなど不動産としての理想の追求か、弟子のために解放した寺子屋のような、精神的な理想の追求。両親やルーツに霊的な能力を持つ人がいる場合もあります。

海王星 × 5 ハウス

架空の世界で遊ぶ才能

自由な想像力が創作的な表現の分野で発揮されます。特に、架空の世界をありありと思い描き、その世界の一部になって浸ることを得意とし、楽しみます。ダンサー、コンパニオン、コスプレイヤー、テーマパークの年間パスポートを使って毎週県外から通う人など。アロマやアートセラピーにも関係します。恋愛に過度な幻想を抱きがちな面も。

海王星 × 6 ハウス

ケアの仕事と繊細さ

介護や医療、水商売など、他者を肉体的・精神的にケアしたり、痛みや苦しみを緩和したりする奉仕的な業務内容に関係します。占いや心理的アプローチを必要とする仕事も。労働時間や業務の分担などの境目が曖昧で、流動的な働き方になりやすく、尽くしすぎる傾向も。心身ともに繊細で、ストレスや環境の影響を受けやすいところがあります。

海王星×ハウス 基本解釈

第4章　惑星×サイン&ハウス解釈事典

海王星×7ハウス

他者に理想の姿を見る

パートナーの中に理想の姿を見るので、現実を目の当たりにした時にギャップを感じがちです。ケアの専門家、あるいはケアを必要とする日常の具体的なことには疎い人や、想像力の豊かなアーティストのような人との関わりがあります。対人関係の場面では、自分が美しい霧で包まれ、相手には理想のイメージの体現者のように見えているかもしれません。

海王星×8ハウス

精神性や魂の継承

所属するグループや深く関わる個人との関わりを通して、芸術的な技法などのリソースを引き継ぎます。実用的な事柄より、その背後にある精神性や魂の継承という意味合いが重要。経済的な面ではパートナーの収入や自分への相続など、共有財産やもらえるお金に期待を抱きやすいですが、蓋を開けてみた結果が予想と大きく異なる場合もあります。

海王星×9ハウス

聖なる旅への憧れ

遠い世界への憧れがあります。巡礼の旅や、賢者から神秘的な思想を学ぶというイメージに魅了され、それが予感や啓示となって終わりのない旅へと誘います。想像力の広がりは様々な分野の芸術のコンセプトや世界観の構築に貢献しますが、特に詩やフィクション作家の才能として発揮されるでしょう。あるいは、精神や魂の成長を促す教師です。

海王星×10ハウス

夢を追求するキャリア

仕事で多岐にわたる内容を扱い、他人の役割を兼任するなど曖昧でグレーな状態になるため、特定の肩書だけを名乗れないという人もいます。時代のニーズを敏感にキャッチし、しばしば現実とのギャップを感じつつも理想のキャリアに向かって邁進する人。例えば、映像、写真、医療、神職、心理的ケアや占いなどの仕事に見られる配置です。

海王星×11ハウス

理想郷を共有する仲間

芸術やスピリチュアルな分野で結びついた仲間との関わりを表します。そのグループに献身的に溶け込む経験を通して、高尚でユートピア的な理想が自分と1つになります。それは未来に向かううえでの貴重な指針になるでしょう。理想が現実離れしていたり、メンバーの素性がつかみにくい場合もあるので、しばしば現実に立ち戻って判断する必要があります。

海王星×12ハウス

見えないから気になる

非常に繊細な感性を持ち、目に見えないものに影響を受けやすい傾向があります。しかし、それは本人から「見えない、コントロールできない」12ハウスにあるため、扱いがわからずに混乱するか、逆に大きな可能性を感じるのです。占星術などを用いて自分の全領域の可視化を試みるか、奉仕的な活動を通して内的成長のヒントをつかめるでしょう。

冥王星 × ハウス 基本解釈

冥王星 × 1ハウス

凄みと秘めた意志

凄みと秘めた意志を感じさせるキャラクターです。目力があり、物静かでも要求をグイグイと押し込んで納得させてしまう圧の強さがあるか、あるいは言動がしばしば印象的で周囲の注意を引いてしまいます。どちらにしても、独特の存在感の持ち主。非常事態や追い込まれた土壇場で、底力が発揮されます。何気ない発言が「鶴の一声」になる人です。

冥王星 × 2ハウス

迷わず「全部乗せ」

「金に糸目をつけない人」です。お金の使い方が大胆で、金銭感覚が一般的な基準とはズレている傾向。豪快で変動の大きい極端な懐事情です。贅沢とか豪華なものを好むという意味ではなく、必要だと感じるなら迷わず「全部乗せ」を選択します。お金や所有物、スキルによって、他を圧倒する優位性を獲得したい。あるいは、状況を一変させたいのです。

冥王星 × 3ハウス

知性の極端な偏り

関心を持った事柄は徹底して掘り下げ、核心に迫る才能があります。ただし、興味の有無によって知識にかなりの偏りが。自説への強いこだわりがあり、それを開示すると一瞬で主導権を握り他を圧倒してしまいます。この極端な学習やコミュニケーションの背後には「浅知恵は大失敗の元なので、それは絶対に避けなくては」という強迫観念があるのです。

冥王星 × 4ハウス

家系の影響の強さ

家系や親の影響が非常に強い配置です。支配的な親だったか、家系に関する揉め事があったか、家に暗黙の絶対的なルールがあったかもしれません。その影響で「家や家族のことは命がけでなくてはならない」「絶対に中途半端にしてはならない」と極端に考えがちです。ルーツや縁のある土地とのつながりを探ると、地下に隠されたドラマを発見するかも。

冥王星 × 5ハウス

創作は魂再生の儀式

創作、遊び、芸術、投機、子供などに関するテーマに全力投球します。その徹底ぶりは、趣味的な楽しさや実用性のためではなく、自分の生命力を再生させるための「儀式」のよう。恋愛に関しても、かなり切迫した劇的な浮き沈みを経験する場合があります。それは相性や解決策云々の話ではなく、結局はそれで自分がどうしたいかという話です。

冥王星 × 6ハウス

非常にハードワーク

基本的に非常にハードワークですが、かなり仕事を選びます。自分がやる必然性がある仕事であれば、一切の妥協なしに徹底して打ち込める人。しかし、興味が持てなかったり、誰でもできる作業には全くやる気が出ません。身体を酷使する傾向があるため、それが原因で（あるいはそれと全く関係なく）仕事を完全にストップせざるを得ない時期があります。

冥王星×7ハウス

他者がもたらす大転換

人並み外れて個性的なパートナー像を表します。パートナーを通して自分のあり方や環境が劇的に変化する可能性が。他人が怖すぎて関わりを持てないか、関わるなら「命がけの覚悟で挑まなくては！」という過度の切迫感があり、その結果1人では到底あり得ない底力を発揮することも。パートナーに促されて重大決定をしたり、あるいは覆したりします。

冥王星×8ハウス

強い縛りと恩恵

「相手のリソース（お金、所有物など）を引き継ぐなら、すべてを捧げる覚悟をしなくてはいけない」と極端に捉え、一体化に近い関係性の絆を作ります。簡単に解除できない高額サブスク契約のようなイメージ。大きな縛り（信用を裏切らない、組織のルールや秘密を遵守する）と引き換えに、大きな恩恵を受けます。その際は自分のリソースも激変します。

冥王星×9ハウス

思想や哲学の大転換

思想や哲学、学問などに関する極端さを意味します。抽象的で小難しい話や神様を徹底して避けるか、あるいは一度、何かの学問の世界に足を踏み入れたら、徹底してそれを探求するかです。海外旅行や海外移住、そこで出会った先生や教育機関における学びを通して、自分の考え方が根本から生まれ変わることも。そして独自の世界を見る視点を獲得します。

冥王星×10ハウス

特異な分野のカリスマ

絶対的な力を持って他を圧倒できるようなキャリアを築きたいと考えます。もし、それができなければ自分は世間から圧倒されて、居場所と仕事を失ってしまうと極端に考えます。その恐れと切迫感が野心と結びつき、特異な分野の専門家やカリスマへと押し上げます。中途半端なことを仕事にできないし、するくらいなら隠れていることを選ぶはず。

冥王星×11ハウス

規格外の友が導く未来

友人や仲間、コミュニティなどの集団は圧が強すぎて全く馴染めないと感じて避けるか、反対にその集団に深入りして非常に強い影響を受けます。集団の活動内容やコンセプトが突出していたり、その中に非常に個性的な規格外の人物がいることも。その強烈さに巻き込まれ、何かをリセットし、1人では考えもしなかった方向に未来への道筋が作られます。

冥王星×12ハウス

深淵に手を差し伸べる

自分の手の届かないところで、何かとんでもないことが起こっているのではないかと想像したり、既に起こってしまったと感じ、それらをタブー視して一切の関わりを避けます。あるいは逆に、一度そのフタを開けたらすべてを捧げて徹底追求。それは自分1人の責任ではなく、世の中の闇が生み出した結果の一端です。深淵に手を差し伸べる度胸のある人。

冥王星×ハウス 基本解釈

第4章　惑星×サイン&ハウス解釈事典

Column
トランスサタニアンの扱い方

トランスサタニアン（天王星・海王星・冥王星）の解釈には注意が必要です。特に「惑星×サイン」の解釈は、その他の7つの惑星と比べて明らかに実感が伴いにくい傾向があります。トランスサタニアンのサインは個人の特徴というよりは、その世代に共通する集団的なテーマを表すとみなしたほうがよいでしょう。

トランスサタニアンとサインの考え方

天王星のサイン

各サインのテーマに関する独自性。型にはまった従来の各サインの価値観に反抗心を抱き、自由を主張し、変革を起こす。

海王星のサイン

各サインのテーマに関して夢や高い理想、無限の可能性を抱く。しかし、現実に直面した時のギャップに混乱し幻滅することも。

冥王星のサイン

各サインのテーマを極端に絶対視したり、恐れたりする。強制力を伴う徹底的な取り組みの結果、根本的な変化がもたらされる。

トランスサタニアンを読むコツは、アスペクトとハウスに注目することです。トランスサタニアンはアスペクトを作る惑星（特に個人天体）に固有の影響をもたらすエネルギーの供給源と考え、ハウスは「その影響がどこからもたらされるのか？」という出どころとみなすとよいでしょう。

第5章

リーディング精度を
格段に高める

アスペクト
全解釈45

アスペクトをねこのイラストで解説。特定の角
度だけに注目するのではなく、各ページ1〜4
種類の解釈をすべて参考にしながら「惑星×惑
星」の大枠のイメージをつかむことが大切です。

太陽×月のアスペクト

公的な顔と私的な顔　人生目的と生活習慣

太陽と月のアスペクトは「目的、意志」と「習慣、安心・安全の欲求」の対比です。つまり「意欲的でイキイキと輝いている時の自分」と「気楽にのんびりとくつろいでいる時の素の自分」の関係性を表します。

コンジャンクションは公私のキャラクターに差が少なく、本音と建前を分ける発想がない、純粋で裏表のない人です。公的な活動と私生活の人間関係をあまり区別しないので、公私混同しがちかもしれません。

ハードアスペクトは公私のキャラクターが対照的で、相反する意識が交互に切り替わります。二面性、一人二役です。太陽か月のどちらかに意識のスイッチが入っている時は、もう一方が否定的に見えてツッコミたくなります。しばしば「どっちが本当の自分なのか？」と葛藤しますが、結果的に多様な価値観を許容できる視野の広さが生まれます。

ソフトアスペクトは公私のキャラクターに矛盾が少なく、一貫性や安定感があります。人生の出発点と目的地が１本のレールでつながっているイメージ。慣れていて安心してできることの延長線上に目標を設定して、不自然な努力や我慢（仕事のために私生活にしわ寄せが行くなど）をしたくないタイプです。

クィンカンクスは公私のスタンスが異なりますが、葛藤が生じるわけではなく「それはそれ」と割り切ったうえですり合わせます。

太陽×水星のアスペクト

目的に特化した情報収集と発信

　太陽と水星のアスペクトは「目的や意志」と「知性」の結びつきです。自分が目指すこと、やりたいこと、価値を感じることなどに関連した情報はいち早くキャッチし、理解し、説得力を持って表現できます。また、追求する分野に特化した技能を身につける場合もあるでしょう。太陽をCEOだとすると（太陽は中心人物、権威や代表者に関係した惑星）、水星は専属秘書や広報にたとえられます。いつも太陽のそばにいてその意向を汲み取り、忠実に命令に従い、情報収集や実務的なサポートを担う水星です。同時に、この水星は太陽のカラーに染まっているので、太陽の目的から離れて自由に動き回ったりしにくいところがあります。「ただ気になるから、面白そうだから」という純粋な好奇心を動機として、何かを真剣に考えたり、調べたりする気にはなれないので、頭を働かせるには、具体的な目標や大義名分が必要です。

　また、太陽と水星はホロスコープ上で28度以上離れないため、成立するメジャーアスペクトはコンジャンクションのみです。

太陽×金星のアスペクト

主役を引き立てる華 魅力を演出する

コンジャンクション（0度）

　太陽と金星のアスペクトは「目的や意志」と「美、調和」の結びつきです。自分の目的や意志表示が、周囲の人にスムーズに伝わるように演出するアピール力があります。この金星の役割は、企業のCMに登場するかわいいマスコットやアイドルのように、主役である太陽を引き立て、演出するための「華」といえるでしょう。最も伝えたいことが金星の影響によってよりかっこよく、見栄えよく、魅力的に演出されるので、周囲の人々の関心を引きやすくなります。周囲の人々にスルーされずに喜ばれ、好意的な反応を得て、自然で友好的な関係性を築くことがテーマになります。ただし、他者への配慮が働きすぎると、最も訴えたい主張がオブラートに包んだように遠回りで、控えめになることもあるでしょう。

　過去に見たこの配置を持つ方々の職業は多岐にわたりましたが、その中でも映画の広告（スタイリング）、観光PR、CA、飲食店の接客の仕事などは、前述の説明の典型に見えます。デザイナーやピラティスのインストラクターなども「バランスの取れた美しい状態を目指す」という点が金星的です。

　ちなみに、太陽と金星はホロスコープ上で48度以上離れないため、成立するメジャーアスペクトはコンジャンクションのみです。

太陽×火星のアスペクト

勝利を目指すチャレンジャー

　太陽と火星のアスペクトは「目的、意志」と「積極性、挑戦、熱意」が結びつく配置です。「人生とは挑戦し、勝ち取るもの」という価値観。力やスピードを駆使し、自分の実力や優位性を示すことが大切なテーマに。戦士のように困難に立ち向かい、リスクを恐れず挑戦し続ける人でありたいのです。スポーツ選手、工場の現場作業、飲食店（厨房）、農家など肉体的な労働という表れ方もあれば、医療関係やクレーム処理など心理的に緊迫した状況への対応、という表れ方も。

　ハードアスペクトでは、自分の実力以上の難易度の高い問題に立ち向かうことが多いでしょう。急な坂道を一気に駆け上がっていくイメージ。大きく体力を消耗したり、失敗のリスクも高まりますが、これこそが人生の醍醐味と感じ、ハイリスク・ハイリターンの経験に価値を見出します。概ねハードワークです。**オポジション**は火星的な緊迫した状況に迫られて戦闘態勢に突入。**スクエア**は突如危機的な状況や意識が割り込んで太陽が退散し、火星に主導権を明け渡す形です。

　一方、**ソフトアスペクト**では太陽と火星の足並みが揃っているので、太陽に無理をさせない火星になります。この火星は目的地に向かう車をグングン加速させるターボエンジンや、意志がくじけそうな時に発破をかけて奮い立たせるような作用があります。

第5章 アスペクト全解釈45

太陽×木星のアスペクト

成長と拡大を目指すポジティブ思考

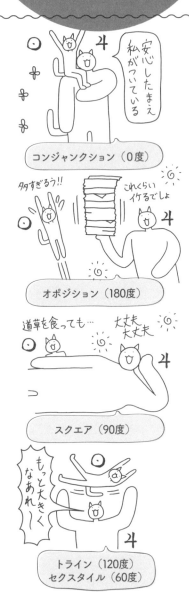

- コンジャンクション（0度）
- オポジション（180度）
- スクエア（90度）
- トライン（120度）／セクスタイル（60度）

太陽と木星のアスペクトは「目的」と「拡大、発展、楽観性」の結びつき。より大きく、より高く、よりたくさん……、を目指します。ここぞという場面で、本気で物事に取り組む時には「きっと大丈夫」と言い聞かせ、ポジティブであろうとするタイプ。豊富な情報や知恵を持つ人物、有力者などからの保護や援助がもたらされることもあるでしょう。

コンジャンクションでは、木星の影響が非常に強く、その特徴がストレートに出ます。

ハードアスペクトでは、木星の影響が「多すぎ、大きすぎ、アバウトすぎ」で、次々におかわりが追加されるわんこそばのよう。キャパシティを超えた大量の仕事をノリで引き受けたり、様々な分野に手を広げる傾向が。また、物事のプラス面に期待したいので、マイナス面の粗探しをあえてしようとはしません。特に**スクエア**では、しばしば本筋の目的から脱線し、回り道や蛇行する太陽になります。とはいえ、木星の過剰さによって失敗や無駄が生じても、その経験の良き側面に注目し、成長の糧にしようと考えるでしょう。

ソフトアスペクトでは太陽にとって無理なく適度に木星が作用するため、ゆるやかな発展力が促されます。目的地に向かう道の途中で、必要になればすぐに気前よくサポートしてくれるパトロンのようです。

太陽×土星のアスペクト

ゆっくり着実に歩む 伝統への敬意

太陽と土星のアスペクトは「目的」と「規律、慎重さ、忍耐」が結びつく配置。堅実で慎重な責任感が強い人です。権威、年長者、親などをお手本として、彼らのルールを破らないように心がけます。「何でも自由にやればいいよ」と言われても不安でできませんが、その代わりに下積み的な鍛錬に身を投じます。近道や裏道を使わず、時間がかかっても正攻法で完走を目指す長距離ランナーです。

オポジションでは土星的（権威的）な人が言うことに忠実に従います。また、彼らが敷いたレールから脱線しないように注意を払うでしょう。誰よりもルールを理解し、それを周囲に遵守させる管理者です。**スクエア**は目的に向かう太陽に対して、しばしば唐突に土星が禁止や一時停止を求める形です。それを警戒しており、絶対に調子に乗らない、失敗から学ぶ努力の人です。土星が非常に高い基準を求めるので、自己評価が低くなりがちですが、実際の実力はそれに反して高かったりします。お手本とする厳しい師匠のお墨付きや公的な資格の取得などが自信につながります。

ソフトアスペクトでは、土星が安定感や持続力として働きます。ルールからはみ出しそうになった時にアラームが鳴り、軌道修正が促されるはず。年長者や権威のある人に対するリスペクトがあるので、その人たちからかわいがられる傾向があります。

第5章 アスペクト全解釈45

太陽 × 天王星のアスペクト

型にハマらない生き方 独自の道を切り拓く

　太陽と天王星のアスペクトは「目的」と「自由、独立、改革」が結びつく配置です。型にハマらない生き方を目指し、伝統的な常識や定番、安全、普通とされる選択肢を避ける傾向があります。同調圧力に敏感で、そこに反発し、他人と違う独自の道を選ぶことを重視します。様々なジャンルにおいて、時代を先取りしたユニークで新しい発想をもたらす改革者と言える人です。

　ハードアスペクトでは、天王星の自由を希求する性質が最も極端な形で表れます。相手が目上の人でも、その主張に納得できなければ忖度抜きに否定し、周囲をザワつかせます。また、合理的な説明のない古いルールや慣習を押し付けられることにも我慢ができません。その拍子に、突発的に仕事を辞めたり、方針を変更する場合も。その一方で、個人主義的で自由な文化が根づいている国や外資系企業、あるいは自分の裁量に任されている職場などでは、のびのびと独創性を発揮できます。

　ソフトアスペクトでは天王星の離反する性質が穏やかに働きます。上下関係や派閥争いに巻き込まれないよう日頃から距離を保ち、周囲との調和を図りながら自由を確保します。高い視座と広い活動範囲を持ち、限定された同族のグループ（同じ学校、会社、年代、国籍、職業など）にとどまることなく、外とのつながりを持つことができるでしょう。

太陽 × 海王星 のアスペクト

直感が導く人生 夢と理想の追求

太陽と海王星のアスペクトは、「目的」と「直感、想像、神秘性」が結びつく配置。内的に見ている理想や未来イメージ、あるいは直感による示唆が、目的地に向かうことを助けます。この配置を持つ人にとって、それらのメッセージは決して曖昧で頼りないものではなく、現実と同等のリアリティを持っています。一見すると、スピリチュアルな分野に特化しているようですが、実際には非常に幅広い分野にわたります。心理学や潜在意識、宗教に関連した分野、映像、小説といったフィクションの世界、絵画や音楽などの芸術的な表現活動。さらに、アロマなど癒しの分野、麻酔科医、薬剤師にも見られます。海洋産業や漁業といった海関連の分野も。

ハードアスペクトでは、具体的で日常的な目標を追う太陽に対して、海王星の直感が強い影響を与えます。「今」でも、「ここ」でもないどこかに意識がジャンプする瞬間があり、そこで知覚した情報を携えて現実に復帰します。夢や理想のイメージと現実の間には大きなギャップがあるので、それを上手につなぎ活かすためには、何らかの専門的な知識や技術が必要です。

ソフトアスペクトでは海王星がほとんど無自覚に自然な形で、太陽の目的達成をサポートします。何の根拠もない、「何となく」の直感が正しい道筋をガイドします。

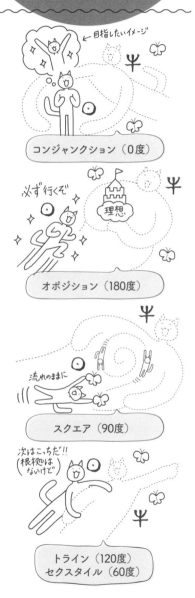

太陽×冥王星のアスペクト

究極を目指す 窮すれば通ず

コンジャンクション（0度）

オポジション（180度）

スクエア（90度）

トライン（120度）
セクスタイル（60度）

　太陽と冥王星のアスペクトは、「目的」と「徹底的、極端さ、死と再生」が結びつく配置です。このアスペクトを持つ人は、ありきたりな目標や平凡な生き方に物足りなさを感じ、独自の分野を極めることに情熱を注ぎます。不可能を可能にする特別な存在でありたい、圧倒的な権力や影響力を持ちたい、という強い願望が底力の源です。

　コンジャンクションや**ハードアスペクト**では、ほどほどの選択ができないがゆえに、しばしば窮地に追い込まれ、それまでの活動を強制的にリセットせざるを得ない状況が訪れるかもしれません。特に**スクエア**では、大幅で急激な方向転換やステージチェンジに伴い、地下深くに潜っているように感じる時期があるでしょう。しかし、それは隠された意志に目覚め、本来の目的への軌道修正とみなすこともできます。「窮すれば通ず」「背水の陣」です。そのような深刻な危機を経験すると、日常のちょっとしたトラブルは「あの時に比べればかすり傷」と思えてきます。

　ソフトアスペクトでも、冥王星は重圧を感じさせることに変わりないのですが、それによる修復や再生という意味合いが強調されることになります。追い詰められても、ギリギリのところで忍耐強く踏みとどまったり、挫折しても簡単には諦めず暗闇から立ち上がったりすることができるでしょう。

月×水星のアスペクト

心のスピーカー　本音のおしゃべり

　月と水星のアスペクトは「感情、私的な事柄」と「知性、言葉」の結びつきです。

　コンジャンクション、ソフトアスペクトの場合は、素直な気持ちをざっくばらんな言葉で表現したり、相手の態度や表情から情報を汲み取ることができます。本音で自然におしゃべりをしたり話を引き出したりする、井戸端会議のような配置。何かを理解する際には、純粋な情報だけでなく「親しみが持てるか」が大切です。本を読む時に、著者の個人的なエピソードを知って人となりが想像できると、内容が頭に入りやすくなるでしょう。

　ハードアスペクトでは、月と水星の特徴が正反対でギャップがあります。そのため「感じたことを、感じたまま素直に表現しても伝わらない」と考える傾向があります。例えば、月が地のエレメントで水星が火のエレメントのスクエアの場合、普段は大人しくて落ち着いた雰囲気なのに、口を開くとマシンガントークとか、威勢のいい断定的な言い回しをするクセがあるかもしれません。

　特に**オポジション**では、感じたことを外に向けてアウトプットする動きが生じます。相手の感情や日常的な諸事情に細かく忙しく関心を向けるとか、心をゆさぶる言葉、心に刺さる説得力のある表現などの特徴として表れるでしょう。内輪だけの話を、ついうっかり口に出しがちかもしれません。

月×金星のアスペクト

日常に彩りを添える自然体の美しさ

コンジャンクション（0度）

トライン（120度）
セクスタイル（60度）

スクエア（90度）

オポジション（180度）

　月と金星のアスペクトは「感情、私的な事柄」と「美、調和、感性」の結びつき。気楽にくつろぐ「すっぴん＋部屋着」の自分と、他人を意識して感じよく見せる「メイク＋外出着」の自分の関係性とイメージしてみましょう。容貌や気持ちの若々しさ、身なりと品のよさ、私生活の彩りなどに関係。衝突や苦労を避け、心地よい平和を望みます。

　コンジャンクションと**ソフトアスペクト**は月と金星の間に矛盾がありません。そのため本人に無理がなく、愛嬌のある自然な雰囲気が好印象を与えます。

　ハードアスペクトでは、美へのこだわりや親切心が過剰に出てしまう傾向が。ある知人が「休日に来客のおもてなしをしていると、いつも自分の時間がなくなってしまう」と言っていましたが、その人は月と金星が**スクエア**で、金星は水のエレメントでした。金星のために、月が一時的に我慢して引っ込む関係性です。その後、月は反動で贅沢さを満喫して心を満たします。**オポジション**では私的な部分を美しく飾って他人に見せたい衝動が強まります。個人的な趣味や洗練された私生活を披露したり、積極的に世話を焼いたりします。あるカメラマンがこの配置を持っていて、相手の自然な姿（月）の中にキラリと光る美しい一瞬（金星）を見出し、それをポートレイトとして表現していました。

月×火星のアスペクト

ストレートな感情 熱血

　月と火星のアスペクトは「感情、私的な事柄」と「熱さ、集中、積極性など」の連携です。内面はワイルドで威勢がいい、興奮しやすい、熱血な人。感情はオブラートに包まずきっぱりと伝える下町的な気質です。

　コンジャンクションと**ハードアスペクト**では、月に対する火星の影響が強まります。感情という水があっという間に沸騰する電気ポットか、あるいは「シャー！」っと威嚇するネコのイメージです。つまり怒りっぽい、荒っぽい性格で、プライベートな領域を侵害する無礼者は一瞬で追い払われます。

　オポジションは火星的な状況に迫られて戦闘態勢に突入します。**スクエア**は突如火星的な状況や意識が割り込んで月が退散し、火星に主導権を明け渡す形です。しかし、そういう衝動的な加熱状態の後は心身が消耗して疲れます。スクエアはその落差が最も大きく、肉体労働やスポーツなどで、あり余る熱量を日常的に小出しに発散できれば、予期せぬ爆発を防げるかもしれません。武道、介護、農業、建築の現場作業をされている人などが月・火星の目立った配置を持っていました。

　ソフトアスペクトでは火星の熱さや鋭さが行きすぎず、穏やかに表現されます。ハキハキとして快活な雰囲気です。慌ただしさは、むしろ私生活にハリを与えるよい刺激になるでしょう。心身の回復力の速さが特徴。

第5章　アスペクト全解釈45

— 205 —

月×木星のアスペクト

陽気で大らかな心
まあ、いいか

月と木星のアスペクトは「感情、私的な事柄」と「拡大、発展、楽観性」の組み合わせ。根が明るく細かいことにこだわらず、基本的にお気楽に構えています。「まあ、いいか」「大は小を兼ねる」が口癖かもしれません。心の声が大きくオーバーリアクションです。

コンジャンクションと**ソフトアスペクト**では月と木星の性質に矛盾が少ないので、自然に月は木星の恩恵を受け取っている配置。最も顕著に表れるのはコンジャンクションです。豊富な知識や持ち物、身近にいる保護者やメンターの応援が、フワフワの緩衝材となってプレッシャーや衝撃から守り、持ち上げて前向きにさせてくれます。暗い状況でも希望を忘れず、「大丈夫、なんとかなる」と物事のいい面を見ようとするのが習慣です。

ハードアスペクトは、月の許容度を超えて木星がグイグイ拡張を迫ります。それは幼少期に過保護な環境で育ったことの名残かもしれません。小さな部屋に定員以上の人がやってくる、ドタバタでてんやわんやなイメージにたとえられます。いろいろな人に親切心を振りまいたり、持ち物や情報は多ければ多いほど安心なので、つい増やしすぎる傾向も。過剰に楽観的な「取らぬ狸の皮算用」的な感覚、うっかり抜けたところが爆笑を誘って愛される、笑いの神が降臨している……という性質が表れる人も多いでしょう。

月 × 土星 のアスペクト

堅実で控えめな感情 シンプルな暮らし

　月と土星のアスペクトは「感情、私的な部分」と「規律、責任、慎重さ」の結びつきです。感情を抑え、控えめで落ち着いた雰囲気が特徴です。まじめで堅実、無駄を嫌うミニマリスト的なライフスタイルを好みます。物や人間関係が簡潔に整理され、規則正しく運営されることに安心感を覚えます。

　また、古い物やお年寄りとのつながりを大切にする価値観の持ち主。伝統や歴史にも関心を寄せることが少なくありません。

　コンジャンクションや**ハードアスペクト**では土星の影響が強く出るため、感情という水が冷えている、あるいは凍ったような状態になりがち。ネガティブな事態を避けることが安心につながると感じるので、結果的にネガティブな事柄について一生懸命に調べたり、考えたりします。「〜すべき」「〜してはいけない」という厳格なルールを自分に課して、それを身近な人にも適用してしまうことがあります。意識的に身体や心をゆるめる習慣を持つことで、状況も自分自身も考えているほど悪くないことに気づくはずです。

　ソフトアスペクトでは、土星の影響が適度に働きます。時間や規則を守り、身近な範囲内での責任を果たすことで、生活のリズムが整うでしょう。心身のコンディションの浮き沈みが減り、安定感を与えます。合言葉は「過ぎたるはなお及ばざるが如し」です。

第5章　アスペクト全解釈45

月×天王星のアスペクト

束縛を嫌う感情
自由を求める心

　月と天王星のアスペクトは「感情、私的な部分」と「自由、独立、改革」の結びつき。プライベートな領域において、心理面や行動面で他人から干渉されたり「普通、○○でしょ」「○○すべき」という固定観念やローカルルールを押しつけられることを強く拒みます。同調圧力を弾くバリアがあるかのようで、同じ属性の人々（家族、クラスメイト、職場の同僚、ご近所付き合いなど）とはあえて距離を置こうとします。その反面、異なる属性の人々（別の学校の友人、年齢の離れた人、自分と異なる職業の人、外国人など）との関わりを好みます。そのため、狭い範囲の常識にとらわれない視点を持っています。

　コンジャンクションと**ハードアスペクト**では、天王星の反抗心や突発性が強調されます。発想や行動が常に斜め上で、周囲の人はなかなか予想ができません。誰かがこの人のために「してあげること」は自由の侵害なのでかえって逆効果です。特に**スクエア**では、情緒性の月と自由を求める天王星が交互に顔を出します。親しくなったと思いきや突然突っぱねる、という変則的な動きです。

　一方、**ソフトアスペクト**では天王星の影響が穏やかに発動。常日頃から特定の人とだけ深く関わりすぎない、適度な距離感（巻き込まれそうな気配を感じたらそっと距離を置く）なので、突発的な離脱は起こりません。

月 × 海王星 のアスペクト

敏感な感受性
空想する心

月と海王星のアスペクトは「感情や私的な部分」と「想像力、直感力、神秘性」との結びつき。感受性が鋭く、他人の感情や環境のちょっとした変化などを直感的にキャッチします。それは幼少期からの当たり前の習慣であり、努力して身につけたものではありません。ふわっとした雰囲気があり、他人からは空想にふけっているように見えるかもしれませんが、実は様々な情報を察知しています。

コンジャンクションや**ハードアスペクト**では、海王星の影響が強まり極端な表れ方をします。この人が思い描く（内的に見る）イメージは現実と同等のリアリティを持っており、両者の境目は曖昧です。小説や映画、ゲームなどフィクションの世界や美しいものへの憧れが強く、そのような非日常にしばしば没入することは、感情面での癒しや安心感につながります。また、睡眠や瞑想、お風呂、プール、お酒など、意識の輪郭をゆるめてリラックスすることも大切な意味を持つでしょう。夢からメッセージを受け取ったり、霊感めいたものが表れる場合もあります。

ソフトアスペクトでは、直感や想像力が日常生活に溶け込み、無自覚なまま穏やかに出続けているかのようです。具体的に言語化はできない「何となくこうだ」という予感やインスピレーションが、実際に日常で役に立つ場面も少なくありません。

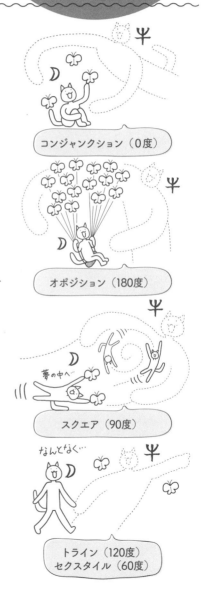

第5章 アスペクト全解釈45

月×冥王星のアスペクト

感情の深さと圧　メンタルの強さ

- コンジャンクション（0度）
- オポジション（180度）
- スクエア（90度）
- トライン（120度）セクスタイル（60度）

　月と冥王星のアスペクトは「感情、私的な部分」と「極端さ、徹底的」の結びつき。キャラクターの濃さや感情の深さ、グイグイ迫ってくる押しの強さを示す配置。情緒的な領域の「タガ」が外れており、過剰な面が。寝食を忘れて創作や研究に没頭する、毎日のように新しい人と会って相談を受ける、夜勤、1人旅などパターンは様々ですが、強烈な手応えを日常的に必要としているかのようです。

　特に**コンジャンクション**や**ハードアスペクト**ではその傾向が強まります。他の人が過酷に感じる状況も、この人にとっては日常的なレベルにすぎず、むしろ冷静です。**オポジション**では未知の領域に接触したい、「あちら側」を垣間見たいという欲求があり、たとえるなら深い井戸や高い崖を見つけたら、その底へ降りていこうとする衝動です。**スクエア**では日常の穏やかな感情と冥王星の過剰な集中が交互に表れます。キャラがあまりにも違うので、二重人格のように見えるかもしれません。この配置を持つ知人は、普段は大人しく控えめな印象なのですが、楽器の演奏を始めると一変して、鬼気迫る表情でその場の空気を完全に掌握していました。

　ソフトアスペクトでは冥王星が月に対する再生力をもたらします。土壇場で諦めずに踏みとどまり、危機的な状況を乗り越える粘り強さとして表れるでしょう。

彩りのある表現
洗練された話術

水星×金星のアスペクト

コンジャンクション（0度）・セクスタイル（60度）

　水星と金星のアスペクトは「知性、情報、コミュニケーション」と「美、調和、感性」の結びつきです。言葉や情報の扱い方には華や彩りがあり、相手に伝わりやすくする工夫が見られます。例えば、文章だけで簡潔に説明するのではなく、写真や音声、映像を使いながら、楽しくイメージ豊かに説明するイメージです。それは相手の興味を引きやすくなり、円滑で効果的なコミュニケーションを促します。親切でフレンドリーな話し方や、言葉で愛情や思いやりを表現するのが得意です。そのため、仲介者や調停者としての能力も高く、人と人をつなぐ役割を果たします。音楽、詩、文学など芸術的な分野にも興味や才能を持ち、美しさを生み出す技術に長けています。

　セクスタイルの場合は水星と金星が異なるエレメントになるため、連携のために工夫や努力を必要とします。その分、コンジャンクションよりも表現力に幅が出て弾みがつき、楽しく活気のあるものになります。

　ただ、水星と金星のアスペクトはどちらも地球から近い（速い）内惑星同士の組み合わせであり、これが出生図の中の際立った特徴になることは稀です（これらの惑星のアスペクトの誤差がとても小さいなどの場合を除く）。

　ちなみに、水星と金星はホロスコープ上で約76度以上は離れないため、成立するメジャーアスペクトはコンジャンクション、セクスタイルのみです。

水星 × 火星 のアスペクト

好戦的な知性 熱弁・論破力

水星と火星のアスペクトは「知性、情報、コミュニケーション」と「熱さ、集中性、攻撃性」などが結びつく配置。言葉に熱意や勢いがあります。単刀直入な強い表現を好み、早口や、熱弁、ぎっしりとした長文のレスポンスをします。反論の隙を与えずに圧をかけて押していく説得力があります。数学、エンジニアなど「理系」的な分野や、スポーツ選手にもしばしば見られる配置です。

コンジャンクションと**ハードアスペクト**では、火星の鋭さが増します。毒舌、辛口の配置。オブラートに包まず、スパッと言い切ります。また、センシティブな話題や反対意見も臆せず口にする傾向があり、周囲を驚かせたり、ヒヤッとさせることも。議論やとっさのシチュエーションの発言、難しい計算や分析を行う場面では本領発揮。相手を言い負かすことは簡単です。「売り言葉に買い言葉」の発言がトラブルを誘発しないように注意。

オポジションは火星的な状況に迫られて戦闘態勢に突入します。**スクエア**は突如火星的な状況や意識が割り込んで水星が退散し、火星に主導権を明け渡す形です。

ソフトアスペクトでは、火星の攻撃力が直接相手に向かダメージを与えることが減ります。明快で淀みのない言葉や、作業の集中力やテンションを維持すること、追い込みの場面でめげない、といった形で表れます。

水星 × 木星 の アスペクト

豊富で幅広い知識
博識・教養

　水星と木星のアスペクトは「知性」と「拡大、発展、寛容さ」が結びつく配置です。大量の情報を扱う知的なキャパシティの大きさがあり、その本質を大まかにつかむことができます。何かを学ぶ際にはよい先生や本、学校などに恵まれやすいでしょう。

　ハードアスペクトでは、木星の拡大効果が過剰になります。インプットとアウトプットの情報が多すぎるために、重要なポイントの見極めに時間がかかる傾向が。次々に休みなく文章を書く、発言する、小さなことを大げさに尾ひれをつけて煽って表現するなどの傾向があり、予想外の範囲まで伝わる場合も。何年もかけて膨大な出生データを収集し、占星術の優位性を科学的に説明した統計学者ミシェル・ゴークランは、水星と木星の**オポジション**の配置を持っていました。**スクエア**では関心の矛先が本筋から脱線して、あちこちに広がりがちです。専門分野から派生して、その周辺の分野にまで詳しくなる人です。

　ソフトアスペクトでは、理解力の高さと見識の広さが特徴です。自分と異なる意見を目にしてもすぐに間違いを指摘せず、そこから新たな知見を得ようとします。この人の発言は哲学やコンセプトを伴いつつ、「布教」され、勢いよく拡散されていく傾向があります。広報や宣伝に適性があり、インフルエンサー的な配置とも言えるでしょう。

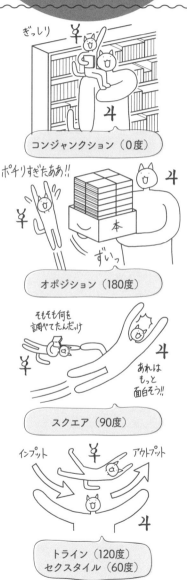

第5章　アスペクト全解釈45

水星×土星のアスペクト

慎重で疑い深い知性 冷静な判断力

水星と土星のアスペクトは、「知性」と「ルール、秩序、責任」が結びつく配置。このアスペクトを持つ人は、慎重で疑い深い、まじめな考え方が特徴です。何らかの「型」やルールに従って、物事を正確に理解することを好みます。言葉のちょっとしたニュアンスから、雰囲気や行間を読み取ることが苦手です。「何となく」わかる、伝えるということが苦手なので、結論だけを簡潔に述べるなど、言動は控えめ。あるいは塩対応です。

ハードアスペクトでは、知的な活動全般に関して「間違えてはいけない」「ルール通りに」というプレッシャーが強まります。慎重に点検と反省をしながら物事を進めるので（あるいは、お手本となる人物からの厳しい指摘や、外的要因による中断が原因となって）、何かを習得するためには平均よりも時間がかかるかもしれません。しかし、その過程で地に足がついた科学的な視点が培われます。また、他者の意見を冷静に精査し、改善点を鋭く指摘する能力にも長けています。

ソフトアスペクトでは、土星が水星の働きをストップさせるほどのプレッシャーをかけません。昔からある定番の正攻法のやり方で、計画的に、継続的に地道に何かに取り組むことができるでしょう。長期にわたって分析を行う研究者や、事務のバックオフィスチームの主催者にこの配置を持つ人がいました。

水星×天王星のアスペクト

意表を突く発想 ひらめき・法則性

水星と天王星のアスペクトは「知性」と「自由、独立性、改革」が結びつく配置です。周りの一般的な意見に合わせようとせず、独自の視点で物事を捉える傾向があります。「斜め上」を行く、意表を突く発想や言動が特徴的です。情報同士の関連性や構造に着目し、そこから法則性を探ろうとします。そのため、話の中に不整合を発見すると「以前の内容と辻褄が合っていないですよね？」「前提のルールが変わったのですか？　それとも、そこだけ例外的な対応が必要ですか？」と、しつこく確認をしてしまいます。それは嫌がられて「難しく考えすぎ」と言われますが、本人はシンプルに考えたいだけ。そのような特徴は、ITやデジタル機器との親和性の高さにつながっています。実際に、その分野で活躍する人が多いです。

ハードアスペクトでは発想の斬新さが突き抜けており、冴えています。それは凝り固まった古い考え方を壊し、新発見をもたらすきっかけになることもあります。しかし、突飛な発言や先鋭的すぎる思想に傾倒する場合もあるでしょう。非常に頑固なので、適当に妥協することができません。

ソフトアスペクトでは天王星の性質が穏やかに発揮されます。常識的な枠の外から取り入れた情報を、一般人が受け入れやすいように配慮しながら提案することができます。

コンジャンクション（0度）

オポジション（180度）

スクエア（90度）

トライン（120度）
セクスタイル（60度）

― 215 ―

水星×海王星のアスペクト

直感が導く知性 自由な連想

水星と海王星のアスペクトは「知性」と「想像力、夢、理想、神秘性」が結びつく配置。空想や仮説を自由に広げるのが得意ですが、「考えている」というより、脳内に浮かんで「見えているイメージを描写している」と言ったほうが近いです。具体的な事柄を順序立ててロジカルに説明することは苦手ですが、それを取り巻く印象と行間を読み取り、表現する力を持っています。小説や漫画などのフィクション制作、演劇、映像編集、霊的なリーディング、ヒプノセラピー、タロット、心理学など潜在意識を扱う分野で力を発揮します。あるいは、飲食店や水商売、営業など、場の雰囲気をキャッチすることが求められる仕事の人にも、この配置を見かけます。

ハードアスペクトでは、想像の連鎖が果てしなく広がって注意散漫になったり、まだ事実でもない曖昧な情報に過敏に反応してしまい、結果的に勘違いや思いすごしだったという場合が。瞑想と呼吸で思考を休めたり、想像のままに文章を書いて衝動を発散したりするなどの工夫をするといいでしょう。

ソフトアスペクトでは、無意識的な情報の察知やイメージの連想が、自然な形で思考をサポートします。例えば、ちょっとした数字の違和感に気づくことで判断ミスを防いだり、頭の中で仮説を組み立ててシミュレーションしたりするなどです。

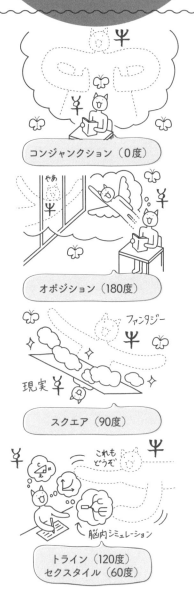

コンジャンクション（0度）

オポジション（180度）

スクエア（90度）

トライン（120度）
セクスタイル（60度）

水星×冥王星のアスペクト

核心に迫る知性
洞察・徹底的な探求

　水星と冥王星のアスペクトは「知性」と「極端さ、深さ、死と再生」が結びつく配置。隠された真相を究明する探偵やジャーナリストのようです。徹底して考え抜く力と洞察力があります。社会の裏側や水面下の動き、死に関する事柄に興味を持ったり、あるいはホラーなど一般的に近寄りがたいテーマにも惹かれる傾向が。言葉に重みと鋭さがあり、時に「バッサリ切り捨てる」「とどめを刺す」ような極論的な発言をすることもあります。知的活動の範囲は偏りがあり、特定の分野には深く没入する一方で、まるごと欠落しているかのように無関心な分野があったりします。この配置を持つ人の中には、ノートに改行なしでびっしりと文字を書き込む独特の学習スタイルを持っていたり、歴史年号や都市の人口を記憶している人もいました。

　ハードアスペクトでは、裏読みや詮索をしすぎる傾向があります。一度考え出したら止められず、強迫観念のようなループになることもあるようです。それは精神に重い負荷をかけますが、知力の深みと厚みが増します。

　ソフトアスペクトでは、知的な底力や粘り強さが特徴です。途中で諦めそうな状況でも立て直し、物事を最後まで成し遂げる能力があります。まるで、時効寸前の事件を解決する刑事のように、難解な問題を最後の最後で成果に結びつけることもあるでしょう。

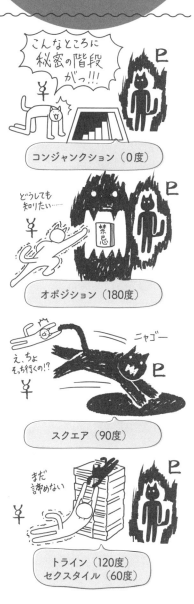

第5章　アスペクト全解釈45

金星×火星のアスペクト

強く惹きつける魅力 競争を伴う愛情

金星と火星のアスペクトは「美、調和、センス」と「積極性、行動力、攻撃性」が結びつく配置。金星のセンスや魅力の発揮が、火星のスリルや競争心によって煽られます。「魅力的な人や事柄に向かって、荒々しく突撃する」というイメージが、いろいろなパターンで表れます。恋愛はその典型ですが、それ以外では音楽、演劇、芸能、アパレル、美容などのクリエイティブな表現。自分を魅力的にアピールして相手を惹きつけ行動を促す力は、マーケティングのうまさ（欲しい人にサービスの魅力を効果的に伝え「一目惚れ」させて買ってもらう）としても発揮されます。印象的なスピーチで市民を扇動し、圧倒的な支持を得た政治家にもこの配置がありました。

ハードアスペクトは、情熱的で刺激的な要素が強まるでしょう。早熟さや、性的な表現を含む芸術的表現に関連。恋愛においては積極的で情熱的な一方、関係性が強引かつ急激に進展したり、逆に衝突して離れたりと波乱含みで、緩急のある人間関係を築く傾向が。

ソフトアスペクトでは、金星に対する火星の刺激が和らぎ、適度に活気と勢いを与えます。決して出しゃばらず、圧をかけず、調和的ににぎやかに場をまとめることが得意です。恋愛に関しては、ライバルが出現しない少女漫画のように平和的なイメージ、というより奥手な印象です。

金星 × 木星 の アスペクト

豊かさと贅沢さ 華やかな交友関係

　金星と木星のアスペクトは「美、調和、感性、社交性」と「拡大、発展、増殖、成長」が結びつく配置です。豊かさや贅沢を楽しみ、文化的で高品質なものを好みます。服や装飾品、家具、インテリアなどにもこだわり、ゴージャスで華やかなスタイルを好む傾向があります。対人関係に関しては、寛大でオープンな性格を持ち、広範囲な交友関係を築くでしょう。パーティーやイベントを盛り上げることが得意で、その社交性は人を楽しませたり、喜ばせたりする場面で特に発揮されます。自分自身をよりかっこよく、好印象に見せることへの貪欲な姿勢と自信があり、人付き合いに物怖じしません。必然的に交友関係は広がりやすいです。セレブ的な雰囲気を漂わせることもあります。

　ハードアスペクトでは、気持ちを華やかにする楽しいことは絶対にケチらず「全部乗せ」や最上級を選びます。「足るを知らない」性質とも言えるでしょう。また、気前よく大盤振る舞いすることはいいこと、という哲学があるため、浪費や無駄に見える出費が増えがち（本人の感覚では必要経費）。

　ソフトアスペクトでは、金星に対して木星は広がりや増大を無理強いしません。刺激や変化の少ない穏やかな形で、豊かさを感じるものや交友関係などが、いつも必要なだけ安定供給されるでしょう。

コンジャンクション（0度）

オポジション（180度）

スクエア（90度）

トライン（120度）
セクスタイル（60度）

第5章　アスペクト全解釈45

金星×土星のアスペクト

様式美
責任を伴う対人関係

金星と土星のアスペクトは「美、調和、感性、社交性」と「責任、秩序、権威」が結びつく配置です。歴史や伝統あるものに心惹かれます。一時的な流行には乗らず、古典的なスタイルや様式美を好む傾向が。「引き算の美学」を重視し、簡潔な美しさや機能性を兼ね備えた美を好むでしょう。質実剛健な精神は、経理や正確な計算といった分野にも関係する場合が。人間関係では、堅実で慎重な交友関係を築くタイプ。心理的なガードが堅く、遠慮がちで控えめな態度が特徴です。親密になるまで時間がかかり、少人数の相手と長く深く関わることを好みます。また、上下関係や年齢差を伴う関係性が多めです。

ハードアスペクトでは、他者との関係に警戒心や緊張感が伴い、ぎこちなさや孤独感を抱くこともあるでしょう。年配の女性の上司や芸術の師匠から学び、ストイックに実務感覚や感性を磨くこともあります。厳しい食事制限とトレーニングによって、完璧に均整の取れた肉体を維持している女性も、この配置を持っていました。

ソフトアスペクトでは、一定の基準を設け、その条件下で計画的にお金やリソースを管理、運用する堅実さがあります。人間関係は仕事や責任を伴いながら、長続きする傾向が。根気強く時間をかけて芸術作品を制作する人にも見られた配置です。

金星 × 天王星のアスペクト

異彩を放つセンス 自由で変則的な関係

金星と天王星のアスペクトは「社交性や感性、美意識」と「自由、独立性、普遍性」が結びつく配置です。職業や年齢、文化的背景などの枠にとらわれず、ユニークで自由な対人関係を築きます。「料理は一汁一菜でもいい」「演歌歌手がアニメソングを歌ってもいい」など、伝統的、因習的な流儀に反発し、独自の美意識から新しいスタイルを提案することが得意。あるいは、新しい技術を使った映像や音楽の表現なども特徴です。

ハードアスペクトでは、突き抜けたセンスや変則的なパートナーシップが目立ちます。従来の価値観に反発し、自由奔放な交際スタイルを選ぶことが多いため、周囲から理解されにくかったり、反感を買う場合も。突然関係が始まったり、急に途切れるなど、対人関係には予測しにくい突発的な変化が伴います。「面識のない権威ある人に直接メールを送ったら意外にも話が通って、いきなり企画が実現した」というケースもありました。

ソフトアスペクトの場合は、身近な家族や自分と同じ属性の人と近づきすぎず、適度な距離を保ちながら風通しのよい関係を築くタイプ。人間関係の幅が広く、異なる属性の人からもセンスや価値観が評価されやすい傾向があります。また、ローカルな伝統を正面から否定することなく新しさを取り入れるため、敵を作りにくいのも特徴です。

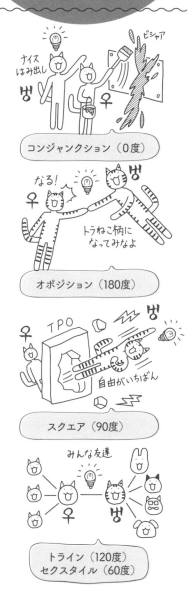

第5章 アスペクト全解釈45

金星×海王星のアスペクト

幻想的な感性 憧れを投影する関係

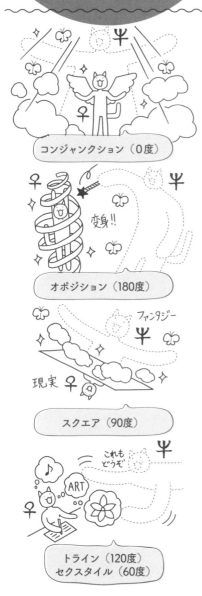

- コンジャンクション（0度）
- オポジション（180度）
- スクエア（90度）
- トライン（120度） セクスタイル（60度）

金星と海王星のアスペクトは「感性、美意識、社交性」と「夢、理想、直感」の結びつき。惑星のハウスにもよりますが、関わる相手や恋愛などに現実離れした理想や憧れを抱いたり（投影したり）、抱かせたりします。海王星は霧で包んで等身大の姿を曖昧にし、美しい夢を見せ、人を酔わせる惑星です。それが純粋な形で発揮されるのは、音楽や小説、漫画、ゲーム、ファッションなど。架空の人物や世界の設定を作り出す側になったり、愛好する側になったりします。また、政治家や役者、占い師、セラピスト、宗教家の中にもこの配置を持つ人がいますが、それは自分自身が神秘的なキャラクターをまとう側になり、実力以上の可能性を感じさせ、夢を託されているのです。

ハードアスペクトの場合は、金星に対する海王星の影響が強まるため、中途半端に日常の世界と地続きの事柄にはときめくことができません。美しい世界の中にジャンプして、酔いしれる時間が必要です。例えば、趣味でパワースポットを巡る旅をする人や、研究や創作世界の中に没頭する人、推しのライブに遠征する人、ジュエリーをデザインする人など、それは様々な形となって表れるでしょう。

ソフトアスペクトでは美に関する空想の飛躍が行きすぎにならないため、創作の源泉として実用的に活かしやすくなるでしょう。

死や暗闇と美 深く踏み込む関係

金星×冥王星のアスペクト

金星と冥王星のアスペクトは「感性、美意識、社交性」と「極端さ、徹底的、死と再生」の結びつきです。ダークなものや深淵なもの（ホラー、終末論、死やグロテスクな事柄を題材にした芸術作品、廃墟、社会の闇、爬虫類など）に心惹かれる傾向があります。あるいは、「菌類」や「美容」など、特定の1つのテーマのみを徹底的に掘り下げるという場合もあるでしょう。

金星や冥王星のハウスにもよりますが、**ハードアスペクト**の場合は、他者との関わり方には中途半端さがなく「全振り」してるように見えます。それは真剣で全力だからかもしれませんが、支配や執着というニュアンスも含まれます。自分が相手のテリトリー内に強引に踏み込んだり、あるいは逆に踏み込まれたりすることによって、支配権争いが生じることもあるでしょう。そのような強烈な経験をすることで、他者との関わり方だけでなく、お互いの性格や人生観もガラリと根本的に変化することもあります。

ソフトアスペクトの場合も、冥王星の意味や濃さ強烈さは変わりませんが、問答無用で影響を受けるのではなく、建設的に有効活用しやいように感じます。また、他者との関係性に関しては、ギリギリのところで修復する、回復する（「死と再生」のうち「再生」）、という意味が強調されるでしょう。

第5章 アスペクト全解釈45

火星 × 木星 の アスペクト

アクセル全開
火に油を注ぐ

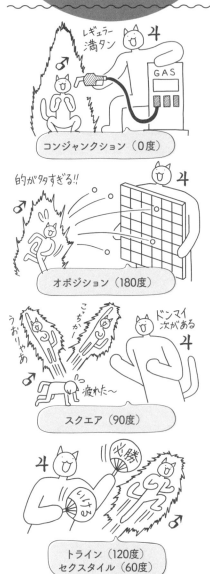

　火星と木星のアスペクトは「チャレンジ精神、積極性、攻撃性」と「拡大、発展、楽観性、保護」などの結びつきです。火星の鋭い攻撃性を木星が穏やかに丸くしつつ、同時に燃料をどんどん供給します。その結果、リスクを恐れずに意気様々と挑戦する火星になります。保護や応援があるので、ノリと勢いがよく、たとえるなら「アクセル全開」「火に油を注ぐ」。リスクを警戒しすぎないので、タイミングが来たら思い切りよく行動を起こすはず。勝負運の強さにも関係します。

　ハードアスペクトの場合は、ここぞという場面の自分の集中力や行動を過大評価しているので、広すぎる分野や、多すぎるタスクに向かって手当たりしだいに突き進みます。安請け合いで見切り発車したり、「いいぞ、もっとやれ！」と、煽られて挑戦がエスカレートしたり。その結果、しばしば本筋から脱線したり、途中で燃料切れしがちです。野心的でエネルギッシュですが、リソースの無駄が多くなる傾向があります。

　ソフトアスペクトの場合は、なだらかにシフトチェンジしながら自然に加速する、燃費のいい車のようです。必要な時に、必要なだけ燃料が供給されるようなイメージ。あるいはコーチに鼓舞され、保護されながら、力を引き出されて競技をするアスリートのようでもあります。

アクセルとブレーキ 交通ルール遵守の車

火星 × 土星 のアスペクト

　火星と土星のアスペクトは、「行動力や積極性、集中力」と「ルール、責任、秩序、課題」が結びつく配置です。車にたとえると、火星＝アクセル、土星＝ブレーキ（あるいは、交通ルール、警察官、違反のペナルティなど）。取り締まりを警戒しなくてはいけないストレスと、挑戦を抑圧する対象（権威、年長者、管理者、定説、世間の常識）への怒りがあります。そういう状況下でも確実に前進する注意深さと忍耐力があるのです。

　ハードアスペクトは、火星に対する土星の制限や抑圧が強まります。それは、ルールが多いうえに厳しい審判がいるスポーツや、障害物レースにたとえられます。**オポジション**では常にルールや禁止事項を意識しながら活動し、やる気の有無や負荷の大きさに関わらず、徹底した管理の元で一定の姿勢を保ち続ける努力が求められます。一方、**スクエア**では「進む」と「止まる」の繰り返し、つまり挑戦と反省、攻撃と守備の切り替えが極端な形で表れやすいです。

　ソフトアスペクトは、道路のラインからはみ出さないように、到着予定時刻と法定速度を守って安全運転をする車にたとえられます。禁止されそうな挑戦は最初から避け、燃料を節約し、無理をせずに慎重な行動を取るため、成果を積み上げることができます。持久力が高いタイプでしょう。

第5章 アスペクト全解釈45

火星×天王星のアスペクト

自由のために戦う 指図は受けない

コンジャンクション（0度）

オポジション（180度）

スクエア（90度）

トライン（120度）
セクスタイル（60度）

　火星と天王星のアスペクトは「積極性、挑戦、熱さ、攻撃性」と「自由、独立、改革」などの組み合わせ。個人的に「私に指図するなアスペクト」と呼んでいる組み合わせです。自由を奪われることを非常に嫌います。相手が上司や権威的な人物であれ、「これが普通、こうあるべき」という一般論を押し付けられ、抑圧される状況には我慢ができず、強く反発する性分です。しがらみを断ち切り、独立的で孤立的な行動を貫くタイプ。いわば、反乱軍、レジスタンスのような配置です。

　ハードアスペクトの場合は、非協調的で迎合しない性質が極端になります。性急に、頑固に、自分にとっての勝利を目指して道を突き進むでしょう。一番槍を入れる人でもあります。多くの人が薄々おかしいと思っていた潜在的な問題点に、一番最初に鋭く切り込み、風穴を開ける人。妥協がないので最初は反感を買うかもしれませんが、しばらくしてからその人の主張は理解されることになるでしょう。太陽や月などが穏やかで共感的な配置の人の場合は、この鋭い火星とのコントラストが際立ちます。

　ソフトアスペクトの場合は惑星の影響力が改革や転覆ではなく、束縛と不自由を退ける防衛力として働きます。活動分野の垣根を超えて新風を呼び込み、新しいスタンダードを提案する人です。

火星×海王星のアスペクト

不可能を可能に錯覚させるハッタリ

　火星と海王星のアスペクトは「積極性、行動力、チャレンジ精神」と「夢、理想、想像力、神秘性」などの組み合わせ。普通に考えれば不可能そうに思えることを、魔法をかけたかのように可能であると錯覚させ、その気にさせる力。つまり「ハッタリ」力です。イメージすることや瞑想で得たビジョンが、思い切った挑戦や行動の原動力に。例えば、激しいスポーツやジャズの即興演奏のような、集中して切迫したシチュエーションの中の興奮と陶酔感、ハイな意識状態、全能感にたとえられそうな配置です。

　ハードアスペクトでは、理想の飛躍が大きくなり、挑戦も現実離れして大胆なものに。例えば、スティーブ・ジョブズの出生図には火星・海王星のオポジションがあります。彼が思い描く製品は技術的に不可能だとエンジニアは反論しましたが、彼が説得をはじめると、不思議に実現できそうな気がしてしまったそうです。関係者はこれを「現実歪曲フィールド」と表現していました。もちろん、成功した商品ばかりでなく、見込み違いで失敗した商品もありましたが。聴衆に美しい夢を見せ、熱狂させるプレゼンテーションもこの配置に関係しているように思えます。

　ソフトアスペクトは漠然とした思いつきや予感が、挑戦や競争をガイド。発射された玉が的から外れないよう自動補正が働きます。

第5章　アスペクト全解釈45

火星×冥王星のアスペクト

最終兵器 リミッター解除

コンジャンクション（0度）

オポジション（180度）

スクエア（90度）

トライン（120度）
セクスタイル（60度）

　火星と冥王星のアスペクトは「積極性、行動力、挑戦、集中性」と「極端さ、極める、深淵、死と再生」などの組み合わせです。目的達成のためには手段を選ばず、困難な状況でも諦めずに挑み続ける性質を持っています。圧倒的な火力で脅威を一掃する「最終兵器」にたとえられます。かなり差し迫った状況や命に関わる場面で、並外れた底力や「火事場の馬鹿力」を発揮できる人です。危険を伴う作業やハードなスポーツ、過酷な挑戦に自らを追い込んだり、あるいは間接的にそういう事柄に関与することがあります。

　ハードアスペクトでは、リミッターを外して限界に挑戦します。時々無茶なことをすることも。それは状況をひっくり返す巨大な力と可能性を秘めていますが、同時に大きな反動を伴い、激しく消耗することにもつながります。しばしばケガや事故のリスクを顧みずに、自らの力を過信して挑むことがあるので注意が必要です。例えば、トライアスロン、オフロードの耐久レース、格闘技、リスクを伴う人命救助、過激なパフォーマンスを行う政治家などに見られる配置です。

　ソフトアスペクトでもハードワークの傾向がありますが、再生や回復という意味が強調されます。ギリギリの危機的な状況でも諦めず、最後まで粘ってやり切るとか、有害なものを退ける性質です。

木星 × 土星 のアスペクト

秩序ある発展性　教育的

コンジャンクション（0度）の場合

　木星と土星のアスペクトは「拡大、発展、楽観性」と、「秩序、責任、ルール、法則性」等の組み合わせです。土星が示す基準としての仕切りや箱からはみ出さないように注意しながら、その中に木星を敷き詰めていきます。余分な遊びや装飾的な要素を排した無駄のない発展性、あるいは、枠の中の秩序ある発展性です。たとえるなら、情報が項目ごとに規則正しく並んでいる百科事典や図鑑、博物館、あるいは学校や官公庁のようなイメージ。教育的、教条的。カリキュラムや計画に沿った発展。お手本を示す配置です。

　オポジションの場合は、本人が規範とする事柄をとてもまじめに、四角四面に捉え、それを判で押したように積極的に普及しようとする性質があります。異教徒に正しい道を示そうとする宣教師、教育ママ／パパのようです。

　スクエアはプラスの見通しを信じてどんどん大きく増やす性質（木星）と、リスクやデメリットを警戒して、はみ出したものをカットする性質（土星）が交互に切り替わります。アメとムチ、あるいは褒めて伸ばす先生と、スパルタ的な管理タイプの先生の対比と考えるとわかりやすいでしょう。

　ソフトアスペクトは木星と土星の性質に矛盾が少ない配置です。冒険や寄り道をせず、正攻法で着実に発展を目指すタイプ。必要以上の責任を抱え込むことはしませんが、保護や支援に甘えすぎない節度や自制心があります。

木星 × 天王星 のアスペクト

新しいものを広める 親善大使・技術革新

コンジャンクション（0度）の場合

　木星と天王星のアスペクトは「拡大、発展、楽観性」と「独立性、自由、改革」などの組み合わせです。世間にはまだ知られていない、評価もされていない何らかの事柄（特定の活動ジャンル、地域、文化、知識や技術など）の価値と可能性を信じており、それを保護したり、広めたりしていこうとする性質です。ローカルで少数派のものが、一般的な価値基準に染まって損なわれないように独立性を守ろうとするでしょう。そして、それをグローバルで多数派の世界に紹介しようとします。つまり「○○親善大使」のような働きです。また、このアスペクトは最先端の技術にも関係します。

　ハードアスペクトの場合は、いろいろな意味の枠（常識の枠、特定の業界や専門分野の枠、物理的な距離や国境の枠、知識や利益の独占）を飛び越えて、木星・天王星に関連した活動があちこちに波及します。そして、周囲の人々をあっと驚かせ、良くも悪くも強烈に関心を引き、巻き込んでいきます。ただ、それは急速すぎるので、大多数の人々の理解が追いつくには時間差があります。何年か経ってから「あの時、すでに○○に取り組まれていたのですね！」と驚かれます。

　ソフトアスペクトの場合でもほとんど同様ですが、働きかけ方や広がり方が穏やかで無理がありません。この人の価値観や活動は多くの人に自然に好意的に受け止められ、広い範囲に影響を与える可能性があります。

木星 × 海王星 の アスペクト

高い理想・人道主義 ユートピア計画

コンジャンクション（0度）の場合

　木星と海王星のアスペクトは「拡大、発展、楽観性」と「直感、想像力、神秘性」などの結びつき。高い理想や、大きな夢の持ち主です。可能性や霊的なつながりを感じるものを信頼し、目先の損得勘定や細かい理屈は抜きにして応援します（個人天体とのアスペクトにもよりますが）。とても人がよく、ユートピア的、性善説的な発想の持ち主。その反面、シビアな判断や、具体的な取り決めを苦手とします。福祉や慈善事業、壮大なスケールの公共事業やプロジェクト、ボランティア活動、宗教的な活動、ファンタジーなどに関係しやすい配置です。

　ハードアスペクトの場合は、かなり先の未来を見据えた大きなビジョンを持っており、理想とするイメージが果てしなく広がる傾向が。そのため、そのアイデアを現実とすり合わせ、着地させるには工夫や努力が必要になるでしょう。例えば、賛同者の協力やチームワークです。

　ソフトアスペクトでは、予定調和的な発展性です。何となく思い描くイメージや予感、眠っている時に見る夢など（海王星）からもたらされる漠然としたヒントが、成長や拡大や発展（木星）を促します。スケールの差こそあれ多くの人に共有される理想の体現者であり、流行的なムーブメントの担い手になる可能性があります。もちろん、それは本人の実際の行動によって形作られるわけですが、どこかで「こうなることがわかっていた」と感じるかもしれません。

木星×冥王星のアスペクト

黒幕の権力者 フィクサー

コンジャンクション（0度）の場合

　木星と冥王星のアスペクトは「拡大、発展、楽観性」と、「強制力、極端さ、死と再生」などの結びつきです。冥王星によって木星の性質が極端化するため、これらの惑星が影響を与えるハウスや惑星は、とても豪快で、巨大で、過剰に多いなどの特徴を持っています。そのため、本人はその分野に関して自信満々で態度もXLサイズになりがちです。たとえるなら、裏側ですべてを牛耳っている黒幕の権力者やフィクサーのような一面。大物感があるのです。

　ハードアスペクトの場合は、木星の拡大や増殖が果てしなくエスカレートします。テリトリーに侵入し、異論はすべてスルー。手段を選ばず強引に制圧し、まるごと全部持っていきます。吸収合併を繰り返して勢いよく巨大化していく企業のようです。そこには権力が集中しますが、ルール違反や都合の悪い情報のもみ消しが伴う可能性があります。しかし、それが問題として露呈しにくいために、どんどんエスカレートしていくでしょう。

　ソフトアスペクトの場合は、ハードアスペクトに比べると穏やかですが、基本の意味は同じです。たとえるなら「〇〇詰め放題」の袋に限界まで中身を詰め込むと、袋が伸びて一回り大きくなり、それをじわじわと繰り返すようなイメージです。ドラマティックではないかもしれませんが、テリトリーは確実に広がっていきます。小国が、気がついたら天下統一しているかもしれません。

土星×天王星のアスペクト

秩序と改革
グローバルルール

コンジャンクション（0度）の場合

　土星と天王星のアスペクトは「秩序、責任、構造、仕組み」と「自由、独立的、改革」などの組み合わせです。土星は限られた場面（例えば、日本だけ、この社内だけ、このチーム内だけ、今の時代だけ……など）で通用する「ローカルルール」に関係しますが、天王星はその枠を壊します。その結果、どこでも通用する「グローバルルール」を重視する土星になります。原理や法則性、理屈にこだわり、厳密で、頑固で、妥協できないところが特徴。ブレや揺らぎ、数値化できないもの、例外を嫌がる傾向。論理的、科学的な思考の持ち主です。

　ハードアスペクトの場合は、土星に対して、天王星が強い衝撃を与えて改革や変化を起こす形になります。**オポジション**では時代遅れの常識やルールの不備を真正面から鋭く指摘し、突き崩そうとするでしょう。**スクエア**では新旧両方のルールの間を行き来するので、激しい摩擦と葛藤が生じます。たとえるなら、現場を仕切る料理長のルールと、経営コンサルタントが提示する改善策の間で「今はどっちが正しいの？」と戸惑う飲食店のようです。しかし、葛藤してギクシャクしながらも、結果的には未来的なグローバルな視点を獲得していきます。

　ソフトアスペクトの場合は、ゆるやかで無理のない改革。大きな矛盾が生じないように厳密に点検しつつ、きっちり計画的にことを進めます。決まりごと、やってはいけないことを熟知しているので、ルール違反をしにくい人です。

第5章　アスペクト全解釈45

土星×海王星のアスペクト

軽くてしなやかな柱　グレーゾーンの秩序

コンジャンクション（0度）の場合

　土星と海王星のアスペクトは「現実を形作るルール、秩序、責任」と「未だ可能性の域にとどまっている形のないもの、理想、曖昧さ、神秘性」の結びつきです。このアスペクトは前提が定まらず、法的な整備も追いついていない黎明期や、見通しが不透明な過渡期のルールに関係しやすいです。あるいは芸術や精神世界など、明確な取り決めがしにくいジャンルのルールです。そのような何が正解なのかわからない「グレーゾーン」には、いろいろなリスクが潜んでいます。常識や正攻法を鵜呑みにできないこと、理想と現実の大きなギャップに直面すること、予期せず不正行為に関与してその犠牲になるなどです。しかし、曖昧で不安定な足場の上に、成果を作り上げる人もいます。一般的な土星を重くて硬い「マンションの柱」にたとえるとすれば、海王星が関与した土星は、軽くてしなやかな「テントの柱」です。被災地や登山ルートなど、変則的で予想しにくい状況下では、柔軟性と適応力が試されます。そのような環境で、注意深く試行錯誤しながら新しい正解を見出していく人（そうせざるを得ない人）なのです。

　コンジャンクションと**ハードアスペクト**では、土星に対する海王星の影響がとても強く働くので、両者の矛盾を埋めることが大きな課題になります。

　ソフトアスペクトでは例外や曖昧さを許容する、制約や禁止事項の少ない土星になるとイメージしてみましょう。

土星×冥王星のアスペクト

不屈の精神
もしもの事態の備え

コンジャンクション（0度）の場合

　土星と冥王星のアスペクトは、「秩序、責任、現実、権威」と「極端さ、支配的、根本的な変化」などの組み合わせです。人生を支え、秩序を作り出す柱である土星に対して、圧倒的に大きな重圧がのしかかります。そのような厳しい状況を限られたリソースで乗り切るための忍耐力が試され、それが鍛えられる配置と言えます。不屈の精神で危機を乗り切るでしょう。その経験を踏まえて未来に備えるので、日頃から（他の人と比べて）桁違いに深刻なリスクを想定しがちです。それは危機管理能力の高さに関係します。なかなか気が休まらず、責任を果たすためには多大な労力を必要とするかもしれませんが、本物の「もしもの事態」に全く動じないのはこの配置を持つ人です。

　コンジャンクションと**ハードアスペクト**では、冥王星の影響が過剰に強まるため、しばしば度を超えたハードワークになります。場合によっては耐久度を超える負荷がかかり、秩序が崩壊します。そこで既存のルールを強制的に手放さざるを得なくなり、新たな仕組みをゼロから再構築することになります。

　ソフトアスペクトでも重い負荷がかかることは同様ですが、折れるギリギリ寸前のところで持ちこたえます。だいたいのことはかすり傷です。

　ちなみに、直近では2020年に正確なコンジャンクションが形成されましたが、その時期は新型コロナウィルス感染症の流行と重なっていました。

天王星×海王星のアスペクト

仮想現実 デジタルアート

コンジャンクション（0度）

　天王星と海王星のアスペクトは「自由、独自性、改革」と「神秘性、直感、理想」などの結びつきで、映像（海王星）をデジタル端末のアプリで編集し、インターネットで公開すること（天王星）はごく当たり前になりましたが、その先駆けはこの配置が強調された世代です。小説やイラスト、動画などの創作全般、VR、演技、ファッションなどの独創的な発想と表現力に関係する配置です。

　天王星と海王星の会合周期は約172年で、直近の正確なコンジャンクションは、1993年に山羊座で形成されました。この年はEU（欧州連合）が発足し、日本では自民党と社会党のいわゆる55年体制が崩壊し、非自民・非共産による連立政権が誕生しました。性質の異なる組織を統合（海王星）し、改革（天王星）を目指すという共通点を見出すことができます。個人的には、この頃から高性能の家庭用ゲーム機が発売され始め（1994年／プレイステーション発売）、映像や音楽のクオリティが飛躍的に高まっていったことを記憶しています。

トランスサタニアン同士のアスペクトは特定の世代に共通する配置であり、その影響の強弱や表れ方は非常に個人差が大きい。アスペクトが形成された時期の世の中の出来事を知ることは、この配置の背景や意味を知る手がかりになる。

天王星 × 冥王星 のアスペクト

破壊と再創造 徹底した改革

コンジャンクション（0度）

　天王星と冥王星のアスペクトは「自由、独立、改革」と「極端さ、徹底的、死と再生」などが結びついた配置。徹底した改革を押し進め、劇的な破壊と再生をもたらします。時代の転換期を担う世代の人々が持っているアスペクトです。

　天王星と冥王星の会合周期は約127年で、直近の正確なコンジャンクションは、1965〜1966年に乙女座で形成されました。医療技術の進化や、シリコンチップの開発に伴う半導体技術の急速な発展など、ミクロな分野（乙女座）における改革や効率化に関連しています。個人の特徴としては（アスペクトを形成する個人天体の種類やハウスによって様々ですが）、専門分野における細部への強いこだわりや改革力として表れることがあります。世の中の動きとしては、ベトナム戦争の激化（1965年、北爆開始）に伴うアメリカ国内外での反戦運動の高まり、公民権運動の活発化、カウンターカルチャーの拡大、そして中国の文化大革命（1966年〜）の時期と重なります。日本では学生運動や大学紛争の活発化、高度経済成長期のピークを迎えていました。これらの出来事は、個人の自由や平等の権利を獲得するために、権威や体制に対して実力行使を伴う抵抗が行われ（天王星）、社会制度の基盤が根本的に変化した（冥王星）ことを象徴しています。

海王星 × 冥王星 のアスペクト

神秘主義
精神世界の深化

コンジャンクション（0度）

　海王星と冥王星のアスペクトは「夢や理想、想像、神秘性」と「徹底、極端さ、死と再生」の結びつきを象徴します。これは多くの人々が共有する夢や理想、あるいは集合無意識のレベルで共有されているイメージを徹底させ、深めていく配置です。

　海王星と冥王星の会合周期は約492年で、直近のコンジャンクションは1891〜1892年に双子座で形成されました。19世紀末から20世紀初頭にかけては、精神世界や霊性に対する関心が世界的に広がった時期です。この配置の元で、神智学（1875年、神智学協会の設立）が普及し、その後のニューエイジ運動の発展が後押しされました。「霊的な運動のピーク」とも言える時期です。その影響は、宗教、哲学、芸術、医療、心理学といった幅広い分野に波及し、人類の精神的探求の方向性を変えたと言っても過言ではありません。

　近年では海王星と冥王星はおおよそセクスタイルの位置関係にあります。1950〜1956年、1976〜1986年の期間は、毎年正確なセクスタイルが形成されました（次回は2026〜2032年です）。

　この配置が強調された出生図を持つ人は、何らかの分野において、神秘的、精神的な探求が人生のテーマになるでしょう。

あとがき

　この本を手に取ってくださり、ありがとうございました！　本書の大きな特徴は、占星術という抽象度の高いテーマを具体的なイラストを交えて説明している点です。それらは僕自身の視点や経験を反映した比喩的な表現の１つであり、正解ではありません。あくまで１つのヒントとして、占星術の理解を深めるきっかけになればうれしいです。

　本書を完成させることができたのは、多くの方々の支えのおかげです。特に、執筆に不慣れな僕を最後まで根気強く導いてくださった編集者の永瀬さん、大量のイラストの発案に協力し、様々な面で支えてくれた妻の真知子、そして占星術を通じてこれまで僕と出会ってくださったすべての方々に、心から感謝を申し上げます。

竹内俊二

【参考文献】

『完全マスター西洋占星術』（説話社）松村潔 著

『アスペクト解釈大事典』（説話社）松村潔 著

『ホロスコープが読めるようになる西洋占星術』（説話社）いけだ笑み 著

『ホラリー占星術』（説話社）いけだ笑み 著

『最新占星術入門』（学習研究社）松村潔 著

『鏡リュウジの占星術の教科書Ⅰ 第2版：自分を知る編』（原書房）鏡リュウジ 著

『完全マスター予測占星術: 基礎から実占まで』（太玄社）皆川剛志 著

『ハウス　天空の神殿』（太玄社）デボラ・ホールディング 著／皆川剛志 訳

『星の叡智と暮らす西洋占星術 完全バイブル』（グラフィック社）
キャロル・テイラー 著／鏡リュウジ 監修／榎木鳰 訳

『占星術完全ガイド: 古典的技法から現代的解釈まで』（フォーテュナ）
ケヴィン・バーク 著／伊泉龍一 訳

『西洋占星術ハンドブック: ホロスコープを深読みする』（ARI占星学総合研究所）
スー・トンプキンズ 著／松田有里子　浦谷計子 訳

『西洋占星術史　科学と魔術のあいだ』（講談社）中山茂 著

竹内俊二
Shunji Takeuchi

占星術家。独学で占星術を学び、2011年にSNSのリクエストがきっかけで個人セッションを開始。その後口コミで広がり、2016年に独立。自身のオリジナルキャラクター「ねこちゃんピオン」のイラストを使った占星術の発信が親しみやすくわかりやすいと評判になり、SNSのフォロワーは1万人を超える。愛称は「ねこちゃん先生」。講座と勉強会は丁寧かつロジカルな解説が特徴で、占星術の入口にいる初心者だけでなくプロの占い師からも人気を得ている。

装丁・本文デザイン	菅野涼子	(説話社)
校　正	定秀美帆	(説話社)
編集協力	永瀬翔太郎	(マイカレ)

はじめてでもよくわかる
ねこちゃん先生のホロスコープ超入門

2025年4月6日　初版第1刷発行

著　者	竹内　俊二
発行者	岩野裕一
発行所	株式会社実業之日本社
	〒107-0062 東京都港区南青山6-6-22 emergence 2
	電話（編集）03-6809-0473
	（販売）03-6809-0495
	https://www.j-n.co.jp/
印刷・製本	中央精版印刷株式会社

©Shunji Takeuchi 2025 Printed in Japan
ISBN978-4-408-65145-3（第二書籍）

本書の一部あるいは全部を無断で複写・複製（コピー、スキャン、デジタル化等）・転載することは、法律で定められた場合を除き、禁じられています。
また、購入者以外の第三者による本書のいかなる電子複製も一切認められておりません。
落丁・乱丁（ページ順序の間違いや抜け落ち）の場合は、ご面倒でも購入された書店名を明記して、小社販売部あてにお送りください。送料小社負担でお取り替えいたします。
ただし、古書店等で購入したものについてはお取り替えできません。
定価はカバーに表示してあります。
小社のプライバシー・ポリシー（個人情報の取り扱い）は上記ホームページをご覧ください。